人居
环境

古 建

人居环境编委会　编著

中国大百科全书出版社

U0721872

图书在版编目（CIP）数据

古建 / 人居环境编委会编著 . -- 北京 ：中国大百
科全书出版社，2025. 1. --（人居环境）. -- ISBN 978-
7-5202-1799-6

Ⅰ. K917-49

中国国家版本馆 CIP 数据核字第 20248NP418 号

总 策 划：刘　杭　　郭继艳
策划编辑：张志芳
责任编辑：张志芳
责任校对：邵桄炜
责任印制：王亚青
出版发行：中国大百科全书出版社有限公司
地　　址：北京市西城区阜成门北大街 17 号
邮政编码：100037
电　　话：010-88390811
网　　址：http://www.ecph.com.cn
印　　刷：唐山富达印务有限公司
开　　本：710mm×1000mm　1/16
印　　张：10
字　　数：100 千字
版　　次：2025 年 1 月第 1 版
印　　次：2025 年 1 月第 1 次印刷
书　　号：ISBN 978-7-5202-1799-6
定　　价：48. 00 元

本书如有印装质量问题，可与出版社联系调换。

——— 总　序

这是一套面向大众、根植于《中国大百科全书》第三版（以下简称百科三版）的百科通俗读物。

百科全书是概要记述人类一切门类知识或某一门类知识的完备的工具书。它的主要作用是供人们随时查检需要的知识和事实资料，还具有扩大读者知识视野和帮助人们系统求知的教育作用，常被誉为"没有围墙的大学"。简而言之，它是回答问题的书，是扩展知识的书。

中国大百科全书出版社从1978年起，陆续编纂出版了《中国大百科全书》第一版、第二版和第三版。这是我国科学文化建设的一项重要基础性、标志性、创新性工程，是在百年未有之大变局和中华民族伟大复兴全局的大背景下，提升我国文化软实力、提高中华文化国际影响力的一项重要举措，具有重大的现实意义和深远的历史意义。

百科三版的编纂工作经国务院立项，得到国家各有关部门、全国科学文化研究机构、学术团体、高等院校的大力支持，专家、学者5万余人参与编纂，代表了各学科最高的专业水平。专家、作者和编辑人员殚精竭虑，按照习近平总书记的要求，努力将百科三版建设成有中国特色、有国际影响力的权威知识宝库。截至2023年底，百科三版通过网站（www.zgbk.com）发布了50余万个网络版条目，并陆续出版了一批纸质版学科卷百科全书，将中国的百科全书事业推向了一个新的高度。

重文修武，耕读传家，是我们中国人悠久的文化传承。作为出版人，我们以传播科学文化知识为己任，希望通过出版更多优秀的出版物来落实总书记的要求——推动文化繁荣、建设中华民族现代文明，努力建设中国式现代化强国。

为了更好地向大众普及科学文化知识，我们从《中国大百科全书》第三版中选取一些条目，通过"人居环境""科学通识""地球知识""工艺美术""动物百科""植物百科""渔猎文明""交通百科"等主题结集成册，精心策划了这套大众版图书。其中每一个主题包含不同数量的分册，不仅保持条目的科学性、知识性、准确性、严谨性，而且具备趣味性、可读性，语言风格和内容深度上更适合非专业读者，希望读者在领略丰富多彩的各领域知识之时，也能了解到书中展示的科学的知识体系。

衷心希望广大读者喜爱这套丛书，并敬请对书中不足之处给予批评指正！

《中国大百科全书》编辑部

—————— "人居环境"丛书序

　　人居环境科学理论与实践是中国改革开放 40 周年的标志性成果之一。1993 年，吴良镛、周干峙与林志群在中国科学院技术科学部大会上提出建立"人居环境学"设想，将其作为一种以人与自然协调为中心、以居住环境为研究对象的新的学科群。2012 年，吴良镛获得 2011 年度国家最高科技奖，国家最高科学技术奖评审委员会评审意见认为："吴良镛院士是我国人居环境科学的创建者。他建立了以人居环境建设为核心的空间规划设计方法和实践模式，为实现有序空间和宜居环境的目标提供理论框架。"这意味着人居环境科学已得到学界的认可。

　　人居环境科学是涉及人居环境有关的多学科交叉的开放的学科群组。人居环境科学强调"建筑—城乡规划—风景园林"三位一体，作为人居环境科学的核心，地理学、生态学、环境科学、遥感与信息系统等是与人居环境科学关系密切的外围学科，以上这些学科共同构成了开放的人居环境科学学科体系。可见，人居环境科学的融合与发展离不开运用多种学科的成果，特别要借重各自的相邻学科的渗透和展拓，来创造性地解决复杂的实践中的问题。

　　人居环境是人居环境科学理论与实践的研究对象，其建设意义重大。党的二十大报告将"城乡人居环境明显改善"列入全面建设社会主义现代化国家未来五年的主要目标任务。这充分体现了城乡人居环境建设在党和国家事业发展全局中的重要地位。为此，依托《中国大百科全书》

第三版人居环境科学（含建筑学、风景园林学、城乡规划学）、土木工程、中国地理、作物学等学科内容，编委会策划了"人居环境"丛书，含《中国皇家名园》《中国私家名园》《古建》《古城》《园林》《名桥》《山水田园》《亭台楼阁》《雕梁画作》《植物景观》十册。在其内容选取上，采取"点"与"面"相结合的方式，并注重"古与今""中与西"纵横两个维度，读者可从其中领略人居环境中蕴藏的文化瑰宝。

希望这套丛书能够让更多的读者进一步探索人居环境科学理论与实践体系！

人居环境丛书编委会

目 录

第 1 篇　中国古建筑篇　1

原始社会时期中国建筑　1

商周建筑　3

秦汉建筑　6

秦始皇陵　7

汉代关塞建筑　8

汉代崖墓建筑　10

三国两晋南北朝建筑　12

洛阳永宁寺　15

玄妙观三清殿　17

南朝陵墓　19

隋唐五代建筑　20

唐乾陵　24

武则天明堂　26

天台庵正殿　27

唐长安大明宫　28

唐长安太极宫　32

兴庆宫　34

南禅寺大殿　35

平顺龙门寺西配殿　37

五龙庙正殿　38

宋辽金元建筑　39

华林寺大殿　46

万荣稷王庙大殿　47

北岳庙　48

晋祠圣母殿 49

高平开化寺大殿 51

高平游仙寺大殿 52

奉国寺大殿 53

云岩寺飞天藏殿 55

陵川西溪二仙庙后殿 57

吐虎鲁克麻扎 58

居庸关云台 59

解州关帝庙 60

明清建筑 64

明南京城与南京宫殿 68

武当山金殿 70

经略台真武阁 70

故宫 71

沈阳故宫 78

北京太庙 79

天安门 81

席力图召 82

五当召 83

阿巴和卓麻扎 84

胡庆余堂 85

第 2 篇　外国古建筑篇　87

古代西亚建筑 87

埃及古代建筑 96

爱琴文化的建筑 98

古希腊建筑 99

古罗马建筑 101

早期基督教建筑 105

拜占廷建筑 106

罗曼建筑 108

哥特建筑 110

文艺复兴建筑 118

意大利文艺复兴时期的
　府邸建筑 120

手法主义建筑 121

巴洛克建筑 125

洛可可建筑 129

中国风 130

古代美洲建筑 132

古代印度建筑 135

日本古代建筑 138

朝鲜古代建筑 142

第 1 篇

中国古建筑篇

原始社会时期中国建筑

原始社会生产力低下，建筑非常简单。不同年代、不同地区的原始人类生活方式和社会组织大致相同，建筑多有相似之处。

◆ 人工住所

旧石器时代的原始人最早住在天然山洞或巢居树上，后来出现人工修筑的竖穴和地面住所，如蜂巢屋（石块砌成，密集似蜂巢）、树枝棚（用树枝搭成穹隆形，有的在外面再抹黏土）、帐篷（用树枝和兽皮搭成）等。大抵渔猎者多住洞穴，畜牧者多宿帐篷，农耕者多居草屋。中国的吉林、山东、江

树枝棚

苏、浙江、台湾、河南、湖北、广东、广西、贵州、云南等省（自治区）及北京附近，均有旧石器时代人群居住洞穴遗址；古籍中也有巢居传说的记载。

◆ 农业村落

新石器时代出现农业，人类开始定居，很多地区出现雏形村落。苏联基辅附近发现的特里波利耶文化的氏族村落居民点科洛米西纳，住宅围成两个同心圆，外圆直径约 170 米，每所住宅各长约 30 米，面积约 150 平方米，可住 20～30 个氏族成员；内圆直径小得多，每所住宅只有 12～30 平方米，可能是供刚成婚的人用的。

中国发现的新石器时代村落遗址超过 7000 处，遍布全国。其中最早的是河南新郑裴李岗和河北武安磁山的两处村落，距今已有 7000～8000 年。黄河流域的原始农业村落，大的面积达数万至数十万平方米。村落分区明显，一般包括住地、墓葬地、窑址和窖穴，并已有防御性堑壕。一般建筑环列四周，面向公共中心，体现了氏族社会的特点。黄河流域典型的村落遗址如西安半坡遗址、临潼姜寨遗址、郑州大河村遗址，住房多为浅穴或地面建筑，以木骨架抹草泥成为墙壁和屋顶。住房中央有火塘，地面经压平火烤后坚硬、光滑。氏族社会晚期的龙山文化遗址出现套间房址、井址，普遍有石灰质的地面表层，光洁耐用。结构上已有承重柱列，柱脚和墙身之下有的垫烧土块，有的经夯筑加工。长江以南地区发现多处住房的桩基，可能是早期干阑式建筑。其中最早的在浙江余姚河姆渡遗址下层，为公元前 3500～前 2800 年遗存。木桩上有最早的榫卯遗迹。杭州湾一带的原始社会村落已会开渠引水。东北地区的新石器时代晚期遗址中有供热的暖道火墙。西藏昌都卡若有约公元前 3300～前 2100 年的房屋遗址，用卵石垒墙。

浙江余姚河姆渡新石器时代建筑遗址榫卯木构件

◆ 巨石建筑

原始社会晚期，有些地区已使用青铜器和铁器，原始部落加工木和石的能力提高了，出现了纪念性的巨石建筑，国外的代表性建筑如祭奉太阳的石柱、环状列石和埋葬死者的石室；某些地区已有椭圆形平面的神庙。中国台湾、山东和辽东半岛有石棚等巨石建筑遗存。

◆ 建筑艺术

原始社会末期，建筑艺术开始萌芽。有些部落在建筑物上涂抹鲜艳的颜色，如中国宁夏固原遗址建筑的墙面涂红灰色条纹。有的部落建筑还有相当复杂的装饰性雕刻，如中国陕西临潼姜寨遗址的建筑住房入口泥壁上有刻纹图案。对建筑物环境规划布置也开始注意。

商周建筑

中国独特的建筑体系是在商周时期初步形成的。中国建筑基本特征的一些形式，如夯土台基、木构架、斗栱以及院落式组合、对称布局等在这个时期均已出现。

商周时期，城市开始有了"城"和"郭"的区分。周代基本定型的建筑礼仪制度对后世影响深远。商朝早期都邑西亳（河南偃师二里头遗址）和中期都城隞（郑州商城）以及晚期都城殷（河南安阳殷墟）均经考古发掘，遗址中有夯土城垣、壕沟、宫殿、陵墓、祭祀场所、手工业作坊等遗迹。二里头遗址有大面积夯土台，规模相当宏伟，有廊庑围绕的广庭，庭院式布局已见端倪。郑州商城范围很大，有宫殿遗址，城垣夯土至今存留地面。殷墟宫室区有很多夯土基址，残存铜质柱锧；陵墓使用井幹构造的木椁，出土精美的石雕和木雕刻，有漆饰痕迹。湖北黄陂盘龙城遗址是长江流域发现的商代古城，有城壕、城垣和夯土高台上的木构宫殿基址。河北藁城台西村发现 12 座商代房基，有单间、双间、三间数种，墙基夯土筑成，还使用了土坯墙。二里头、郑州商城、殷墟均在夯土基中发现陶水管，是已知最早的陶质给水排水设施。

公元前 11 世纪，周灭商，建都于丰京和镐京（均在今陕西西安西郊）。分封诸侯，属国范围比商代疆域更为扩大。周幽王十一年（前 771），迁都洛邑（东周王城）。陕西周原（今岐山、扶风一带）发现周早期的建筑遗址，有采取中轴对称的两进院落布局，出现最早的瓦，房屋柱网

西周早期青铜器"日己"
方彝上的建筑形象

间距加大，建筑技术比商代有明显进步。湖北蕲春西周毛家嘴干阑遗址，有木柱、楼板、楼梯和板墙，反映了长江流域另一种建筑体系即干阑式建筑的技术发展。

战国时期各国生产力蓬勃发展，建筑技术迅猛进步，各国都城成为区域性经济政治的中心，出现了数十万人口的大城市。现存许多战国城址，如临淄齐国故城、曲阜鲁国故城、燕下都遗址、楚纪南城址、邯郸赵国故城、秦咸阳和雍城、郑韩故城等，均有高厚夯土城垣，大体分为城（王宫所在）和郭（居民区）两部分，规模很大。当时宫室盛行台榭建筑，在高大的夯土台上建造层叠的木构建筑，已使用青铜建筑构件。当时的斗栱、栏杆、门窗、瓦饰等的形象可以从东周时的铜构件、战国时的铜器和漆器的局部和纹饰中窥见一斑。战国时陶质材料类型更多、质量更好，陶质的瓦、脊饰、下水管、空心砖、井圈等大量应用，有的有精美的艺术加工。壁面则有壁画和彩色饰带。春秋战国时期的《考工记·匠人》中记载的建筑礼仪制度和关于城市、道路、沟洫、城垣的规定，是有关中国建

东周时宫殿蟠虺纹铜制建筑构件

筑的最早文献资料。战国时北方诸国为防御匈奴游牧部落，修筑了长城，其为后世称为"万里长城"的伟大工程的开端。

秦汉建筑

秦汉建筑是在商周已初步形成的某些重要艺术特点的基础上发展而来，秦汉的统一促进了中原与吴楚建筑文化的交流，建筑规模更为宏大，组合更为多样。

秦始皇创立了统一的封建国家，汉承秦制，巩固和发展了统一的国家。秦汉两代，建设了许多规模空前的伟大工程。建筑技术有很大进步，砖石材料开始推广使用。

秦咸阳宫遗址

◆ 秦代（前221～前206）

秦统一后享国短促，但建筑工程规模为前所未有。曾用数十万人，修筑驰道、长城、阿房宫、秦始皇陵。秦始皇扩建咸阳宫殿，集中仿建六国宫室，使战国时各国建筑艺术和技术得以交流，为形成统一的中国建筑风格开创先声。

◆ 西汉（前206～公元25年，包括新朝）

西汉社会经济繁荣，国力强盛，在中国建筑史上出现第一个高潮。西汉都城长安，面积35平方千米，采用封闭的闾里。周围陆续建有7座卫星城性质的陵邑，西南凿有昆明池，用作城市蓄水池。长安宫殿规模巨大，从未央宫前殿遗址和新发掘的武库、西汉明堂辟雍和王莽宗庙遗址看，当时宫殿仍是木构和夯土技术结合的台榭建筑。王莽宗庙有11座建筑，排列有序，严格对称，说明此时期大型建筑群已有整体的规划。西汉还有计划地建设地方城市、屯垦城市和边防障塞。建造陵墓是西汉重要的建筑活动。西汉帝陵规模宏大，如武帝茂陵地面封土230米见方，高46.5米，呈覆斗形，外有围墙，四面建阙。各地王墓往往凿山而成，内建木构椁室。

◆ **东汉**（公元 25 ~ 220）

西汉末王莽新朝爆发农民起义，长安残破。东汉迁都洛阳。在出土的大量东汉时期壁画、画像石、画像砖和明器中有丰富的建筑形象资料。其中绘有宅院、坞壁、重楼、厅堂、仓厩、圈、

江苏徐州汉画像石上的建筑形象

望楼等，还有门、窗、柱、槛、斗拱、瓦饰、阶基和铺首、栏板、棂格等形象，显示出汉代建筑的基本情况。庭院式布局、建筑基本形式等都已接近后世。汉文化的统一，反映在建筑风格上也非常明显。

东汉高级官吏墓前建石阙、石祠、墓表、石兽，从其中仿木构的雕饰中可以看出木构原型的特点。东汉建筑技术的一个新特点是在墓室中用砖石拱券取代木椁墓，精致的石券，接缝几至无隙可寻。陶井圈、陶水管、砖石地下水道（水窦）等使用也很普遍。

秦始皇陵

秦始皇陵是中国秦朝第一个皇帝嬴政的陵墓。位于今陕西省临潼县（今西安市临潼区）东约5千米、骊山北约1千米的下河村附近，建成于公元前210年。坟丘为夯土筑成，下部为原有山丘。现存遗迹为截顶

方锥形，高 76 米，底面长 515 米，宽 485 米。坟丘四周原有内外两重围墙，形状为长方形，内围墙周长约 2.5 千米，外围墙周长约 6.3 千米。《史记·秦始皇本纪》载："始皇初即位，穿治骊山，及并天下，天下徒送诣 70 余万人，穿三泉，下铜而致椁，宫观百官奇器珍怪徙臧满之。"秦始皇陵是中国历史上第一座规模庞大、设计完善的帝王陵寝，当时地面上还建有享殿，供祭祀。项羽军入关中时，陵区建筑被火焚毁。地下墓室尚未经考古发掘，情况不明。

1974 ～ 1976 年，在秦始皇陵外围墙以东约 1225 米处发现 3 座陪葬的兵马俑坑，均为土木结构的地下建筑。最大的 1 号坑东西长 230 米，南北宽 62 米，深约 5 米。坑底为青砖墁地，于坑侧立柱，柱上置梁枋，梁枋上密排棚木，棚木上铺席，席上覆盖胶泥，胶泥上为封土。各坑内整齐地排列着如同真人真马大小的彩绘陶俑、陶马和木车等，呈军阵场面。已清理的约有陶武士俑近千、陶马上百及配备的战车数十辆。1979年建立了秦始皇陵兵马俑博物馆。

汉代关塞建筑

汉代为军事防御和开发边疆，沿长城一线营造了大量关塞建筑，如烽、燧、关、侯城和屯戍城，作为报警和驻军之用，形成坚固的工程防御体系。通过考古勘察，并同出土的简牍记载对照，得知汉代关塞建筑的形制。

◆ 烽

即烽台，遇警时白天举蓬、表、烟，夜间举火，昼夜均焚积薪并击鼓，

依次传递警报。做法因地制宜。甘肃居延一带都是夯土筑成，方 5～8 米，

两台之间的间距 0.5～1
千米。内蒙古哈隆格乃山
谷则为块石砌成，建在山
巅，以便瞭望。

甘肃敦煌汉代烽燧遗址

◆ 燧

又称亭燧，是烽台四
周或附近设围墙的据点，
驻兵防守。甘肃居延甲渠第四燧为 11.5 米 ×14.5 米的小堡，墙厚 2 米，
门宽仅 0.7 米，门外有曲尺形护门墙，即"瓮门"。院内建两间小屋，
烽台设在东北角。以后又在东面加建围墙、房屋，平面呈曲尺形。

◆ 关

出入长城的门户。例如，位于居延以南的肩水金关，关门两侧为夯
土筑屋，中夹 5 米宽的门道，其侧立木柱承顶部。屋壁厚 1.2 米，有土
坯砌的登顶磴道，表明上部原有防守的楼橹。关门内外地面埋木尖桩，
即文献所说的"虎落"，只留一条通道。关门西南是 38 米 ×33 米的小
城，门在东南方，墙厚不到 1 米，沿内壁建居室、仓库和马厩。它的核
心部分是一亭燧，位于西墙中部。燧面积约 11.5 米 ×13.5 米，墙厚约 1.5
米，内建房屋。烽台附在亭燧的西北角墙外。从它的布置可看出，其是
由亭燧发展成为守关吏卒居住的坞堡。

◆ 侯城

又称障、障城，是辖一段防线的军官（侯官）屯驻的城堡。居延甲

渠侯官遗址是47.5米×45.5米的城堡，夯土堡墙厚2米。门在东墙偏南，门外有曲尺形护门墙。院内建居室、仓库等。其中一间5米×8米，当是侯官住室。城西北角外附建一小堡，方23.3米，土坯砌墙厚达4.5米，向侯城内开门。堡内靠西墙建屋，靠壁有磴道可登上墙顶，墙下曾出土有斗的柱子，说明小堡顶上建有大型防守瞭望用建筑。

内蒙古西北部汉长城一线发现更大的侯城遗址。哈隆格乃山谷1号石城据推测是汉鸡鹿塞遗址，方68米，用块石砌成，城残高7米，只南面正中开一门，门外有曲尺形护门墙，城四角有45°斜出的城垛，形如后世的马面，对研究中国古代城防建筑的发展有参考价值。阿尔乎热古城为周长450米的夯土筑方城，除四角有斜出墙垛外，南门外建有瓮城，城外有城壕。

◆ **屯戍城**

边塞城市。平面多为方形，有的内建子城，平面呈回字形。如内蒙古乌拉特前旗三顶帐房古城为汉五原郡治，呼和浩特塔布秃古城为汉定襄郡武泉县址。塔布秃古城850米×900米，城中偏北有边长230米的小城。从地面遗迹推测，小城内为官署，大城南部为民居和兵营，城外有农垦区。这种城制和晁错《守边备塞疏》中所提把边城建为内外二城的建议相同，应是汉代边城通制。也有一些城的子城建于大城的一角。

汉代崖墓建筑

中国东汉时期在崖壁上开凿洞穴放置棺木的墓葬形式。分布于四川、湖南、江西、贵州等地，以四川地区最多。

根据崖墓平面特征及规模可分为 3 类。

①单室墓，仅有一个墓室的崖墓。一般深 3～5 米，宽 1.5～2 米，高约 1.7 米。单室墓数量较多，形制简单，为当时平民阶层的崖墓形式。此外，尚有在单室墓一侧或两侧设耳室，亦作置棺之用。有的单室墓还在墓壁上凿出壁龛和灶台。1959 年在四川省新津县牧马山发现的第 13 号墓即属此类。

②重室墓，比单室墓多一个前室，是当时宅第"前堂后室"布局的反映。墓室的大小同单室墓差不多，后室为置棺处。如牧马山第 17 号墓。重室墓也有带耳室的，耳室一般设在后室的一侧或两侧。墓中耳室较多的，是族葬的表现。

③前堂后穴墓，特点是入口部分有一较高大的享堂，后部开凿 1～4 个墓穴不等，而以前堂双穴为多。此类墓规模较大。墓穴多由重室墓组成，多附有耳室。墓的前堂宽大，堂全部敞开，或立 1～2 个石柱，把后部并列的墓穴统一起来，并作为供整个家族祭奠之用的墓祠。如四川省乐山市白崖第 45 号墓，宜宾市黄伞溪崖墓等。这种后部墓穴并列的方式，既是受崖墓深度的限制，也是多墓穴要求的结果。有的前堂后穴墓还采取分期建造，为后代留出开凿墓穴位置。

四川乐山白崖第 45 号崖基享堂透视

崖墓的形式、平面布置、立面、细部直到墓室的内部布置都仿尘世的住宅，如重室墓分前后室，象征人间住宅的前堂后室。入口处的墓门仿宅门的木构造，在石崖上雕出柱子、斗栱、飞檐。有的在门旁还雕有门阙。此外墓室内壁面有隐出的仿木构件，如有的将墙面划分成方块示意外露的木墙骨，壁面上部刻隐出的斗栱，有的在墓室和耳室间，以石柱斗栱分隔成两个空间。还有在墓室壁面凿出壁龛和灶台等世人住宅的常用物。从这些可以了解到汉代木构建筑的概貌。

崖墓盛行于公元 2 世纪，蜀汉时已趋衰落，至南北朝时则成为尾声。

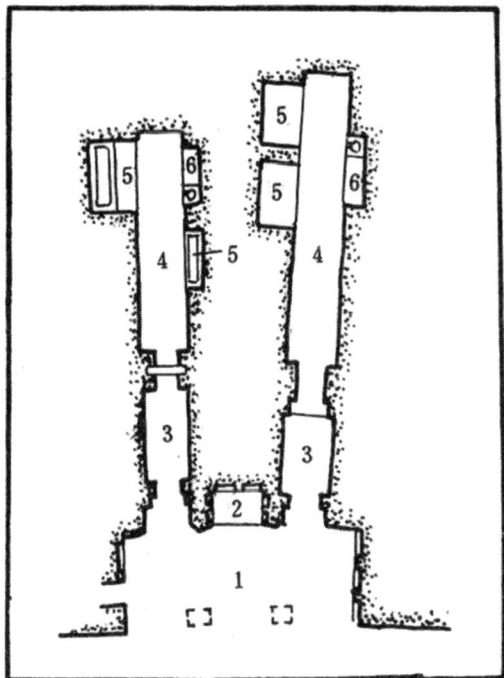

1 享堂　2 龛　3 前室　4 后室
5 棺室　6 灶案

四川乐山白崖第 45 号崖基平面

三国两晋南北朝建筑

　　三国、西晋、东晋、南北朝（221 ～ 589），是中国这个统一国家的分裂时期。民族迁徙和混融引起生活起居方式的改变，佛教的传入带来印度和中亚文化，对建筑艺术产生了很大的影响。

　　魏、吴、蜀三国鼎立时期（221 ～ 280），蜀国经营西南，吴国营建建业城和武昌城，魏国营建洛阳城和邺城。魏都邺城建设，采取宫城在北，里坊在南的分区规划，对后世很有影响。从曹魏洛阳宫起，正殿左右有东西堂，这体制一直沿用到南北朝。

280年后，西晋出现了短暂的统一。不久，北方的少数民族匈奴、羯、氐、羌、鲜卑先后入据中原，汉族政权南迁，造成近300年南北对峙局面。民族的大融合与文化的交流在建筑上也得到体现。佛教盛行，反映于寺庙建筑的造型、装饰题材、石雕、壁画技法等方面，并影响到世俗建筑。

西晋重建洛阳城，桥道、闸堰、窦渠等工程技术水平很高，成为古代城市建设的典范。

东晋（317～420）和南朝宋（420～479）、齐（479～502）、梁（502～557）、陈（557～589）均建都建康城（今南京）。建康城是当时中国最大城市，布局自由，别具一格。南朝范围内荆州、江州、成都、襄阳、寿春、广州等城市，也日趋繁盛。北方则有邺城（后赵、北齐）、姑臧城（前凉）、统万城（夏）、平城（北魏）等城市。北魏孝文帝重建洛阳城，规模宏大，与建康城南北并峙，对隋代大兴城和东都洛阳的规划布局很有影响。

南北朝时期，各国宫室大体继承三国魏洛阳的太极殿和东西堂制度，并于宫侧建苑囿，其影响直至明清。

曹魏提倡薄葬，陵墓规模缩小。南朝陵墓遗留大量珍贵的石刻艺术品。南朝地方官吏墓葬沿袭东汉用石兽、碑碣和墓表的旧制。河北定兴北齐义慈惠石柱，柱顶有石刻小殿，是墓表的变体。

中国南北朝的佛寺建筑，数量极多。早期寺以塔为中心，继之则塔殿并重。北魏洛阳永宁寺塔，是古代最宏伟的楼阁型木塔。南方多数塔是中心柱（刹柱）式结构，成为塔式主流，并传入日本。砖塔始于西晋，现存最古砖塔河南登封的北魏嵩岳寺塔的形式同北凉石经塔基本一致，是密檐式塔的先声。同时也开始建造可以登临的层楼式砖石塔。

河北保定北齐义慈惠石柱

这个时期开始创建许多石窟寺。中国最早的石窟寺在新疆拜城、库车地区，约当汉末。十六国时期起，由敦煌向东沿河西走廊至天水，开凿石窟不下20多处。北魏皇帝崇佛，开凿了云冈石窟和龙门石窟。北齐皇室则开凿太原天龙山石窟和邺城响堂山石窟。

河南洛阳龙门石窟

在材料、技术和艺术方面，出现了用砖券砌筑的门窗洞口；琉璃制品开始应用于建筑；模制花砖用于壁面和铺地；塔刹和门窗装饰用镏金件；屋顶呈曲面，屋角起翘的特点已经出现；应用了鸱尾一类大型瓦饰；佛寺绘制有绚丽多彩的大幅壁画等。这些都对后世有深远影响。由于其他民族文化习俗的影响，出现高坐式的家具，汉族长期的席地危坐习惯开始发生变化。

洛阳永宁寺

洛阳永宁寺是在北魏熙平元年（516）建造的皇室寺院。位于北魏洛阳城内，寺内木构楼阁式高塔于永熙三年（534）毁于火灾，后寺渐废。遗址在今河南省洛阳市东。北魏佛教盛行。永宁寺殿前立高塔，塔和佛殿并重，为当时佛寺布局的典型形式，对研究印度佛寺建筑形制和中国固有建筑形制的融合及演变有重要意义。1963 年起，对遗址进行了勘察和发掘。

◆ 布局

据发掘，永宁寺坐北朝南，总平面呈长方形，周长 1040 米，四周有夯筑围墙，残高 0.6～2.3 米，墙基宽 2.8～3.5 米。据《洛阳伽蓝记》记载："寺院墙皆施短椽，以瓦覆之，若今宫墙也。四面各开一门，南门楼三重，通三道，去地二十丈，形制似今端门。……东西两门亦皆如之，所可异者，唯楼两重。北门一道，上不施屋，似乌头门。"考古勘查和发掘基本证实了上述记载，还查明寺院东南、西南建有角楼。寺院的东、西两门正对塔身。塔基南、北都发现夯土基址，最北部的大型佛殿基址现被压在铁路路基之下。文献记载，佛殿形制犹如当时宫城正殿太极殿。寺院有"僧房楼观一千余间",据探查材料估计,大致建在塔和佛殿的东西两侧。

◆ 木塔

据《洛阳伽蓝记》记载,寺院"中有九层浮图一所,架木为之,举高九十丈,有刹,复高十丈,合去地一千尺,去京师百里已遥见之。"经探查,塔基在寺院中部,夯土筑成,东西101米,南北98米,夯土厚度在2.5米以上。夯土基的表面,即原木塔台基周围的地面,为石灰三合土面层。木塔台基在夯土地基中部筑起,周围青石包砌,长宽均为38.2米,与《水经注》所记"浮图下基方十四丈"基本相符。台基高2.2米,表面为三合土面层。台基四面的中部各有一墁道;从出土遗物来看,台基并有石栏杆、螭首。台基上木塔原有内外五圈木柱,呈方格网状,发掘所见的方形石础或遗迹计有124个。发掘证明古籍所记木塔每面九间属实,原状应为每面三门六窗。第四圈柱以内,为土坯砌筑的实体,长宽均为20米,残高3.6米。这一土坯砌体的南、东、西三面各残存五座壁龛遗迹,宽各1.8米,深20～30厘米。土坯砌体的北部有登塔木梯的迹象。从遗迹看,塔内墙面

河南洛阳永宁寺塔基遗址

似有壁画,外墙面涂红色。木塔的中心部位下有地宫,到近代遭盗掘破坏。经发掘得知地宫约1.7米见方;发掘至5米深,未发现遗物。

玄妙观三清殿

玄妙观三清殿是始建于西晋咸宁二年（276）的中国长江以南最大木构古建筑，位于中国江苏苏州。既是宋代官式建筑的代表，也表现出地方性建筑的特点，是研究宋代南北建筑差异的重要例证。1982年定为全国重点文物保护单位。

三清殿是玄妙观的正殿，重建于南宋淳熙六年（1179）。玄妙观在唐代称开元宫，北宋称天庆观，元代改现名，曾多次毁坏，多次修葺。三清殿为重檐歇山顶建筑，殿身面阔7间，进

江苏苏州玄妙观三清殿

深4间，四周加一圈深一间的副阶，构成下檐。殿前有宽五间的月台。

殿的木构部分属殿堂型构架，近似《营造法式》所载殿身7间副阶周匝身内金箱斗底槽构架。构架由上、中、下3层重叠而成。下层为柱网，沿周边立两圈柱子，外圈22柱，内圈14柱，柱顶架阑额，连成两个相套的同高矩形框，形成内外槽。又沿进深方向在内槽前后4柱间架4道顺栿串（清式的随梁枋），使柱端纵横向都连在一起。在4道顺栿串的中部，下面又立4柱，形成现状的满堂柱网。中层是铺作层，在阑额和顺栿串上加普拍枋，枋上放斗栱，柱间用两朵补间铺作，前后内柱间顺栿串上用3朵补间铺作。殿内各铺作顶上架平棊枋，装设平棊，形成殿

内空间。上层为屋顶构架层。除两山外，沿各间进深在内外槽柱之上及中柱间顺栿串中点之上（即脊下）立柱，压在铺作上层柱头枋上，柱间架梁，形成深 12 架前后用 5 柱的 6 道穿斗式草架。草架上架檩，构成屋顶。殿四周副阶在下檐柱上用 4 铺作斗栱，上承副阶梁架，副阶梁尾均插入殿身檐柱。

三清殿木构部分有 4 个特点：①内槽柱头和补间铺作向内一侧在第二跳华栱以上用了向上斜举的上昂，前后内槽柱间顺栿串上 3 朵补间铺作均两面出上昂，是现存最早用于大木作中的上昂实例。②《营造法式》殿堂型构架的铺作层柱头斗栱承托明栿，明栿同下面的顺栿串间无补间铺作。此殿内槽前后柱间以顺栿串为梁，上置 3 朵补间铺作，上面不加明栿，直接用斗栱的柱头枋承上层屋顶构架，与《营造法式》做法不同，似为明官式做法之滥觞。③《营造法式》殿堂型构架内槽只沿周边一圈有斗栱，整个内槽是一个横长的、顶上呈盝顶形的敞厅。此殿在内槽柱间顺栿串上也加斗栱，把平棊截成五段，形成 5 个并列的纵长形盝顶小厅。外槽平棊划分也和"金箱斗底槽"小异。④唐、宋殿堂型构架柱子止于铺作之下。此殿虽绝大部分如此，但内槽后侧中间四柱穿过平棊上伸，后檐中间 6 柱也直抵檐檩下。内槽明、次间 4 道顺栿串上，在中间一朵补间铺作处各立一根蜀柱。在这 14 根柱上，斗栱都插在柱身上，显示出南方流行的穿斗式构架特点。上述 4 点中，后 3 点都反映了官式做法和地方做法的差异，两者出现在同一座建筑中，反映了它们的交流融合过程。

三清殿现状为沿副阶柱开门窗砌墙。其门窗、墙壁、翼角、瓦件等屡经重修，已不能反映宋代风貌。殿内柱、天花、草架也多经抽换更易。另在内槽明、次间 4 道顺栿串中点下有 4 根柱，矮于其他内柱（其为原有的还是后加的，一直存在不同看法）。殿内槽有砖砌须弥座，上塑三清像，虽经改装，基本上仍是宋代遗物。

南朝陵墓

南朝陵墓指宋、齐、梁、陈四个朝代皇帝的陵和王公贵族的墓。分布在今南京市和江宁、句容、丹阳等县。

主要有宋武帝初宁陵、齐宣帝永安陵、齐高帝泰安陵、齐景帝修安陵、齐武帝景安陵、齐明帝兴安陵、梁文帝建陵、梁武帝修陵、梁简文帝庄陵、陈武帝万安陵、陈文帝永宁陵以及梁代宗室王侯萧宏、萧秀、萧恢、萧憺、萧景、萧绩、萧正立、萧暎等的墓葬，另外还有些佚名陵墓。

据记载，南朝陵墓都起坟，前有神道。据现在地面上残存的实物判断，神道的布局一般是石兽、石柱、石碑各一对，也有石碑两对的。石兽同石碑相

江苏句容萧绩墓石兽和神道柱

对而立，石柱则背向陵墓。帝陵前的石兽，左侧双角的称天禄，右侧独角的称麒麟。王公贵族墓前石兽是狮子，意图都是为了辟邪。

石兽都以巨石雕凿，长、高多在 3 米以上，重 10 余吨，造型昂首挺胸，雄猛而生动，继承了汉代石雕浑厚凝重的传统。石柱即墓表，又称标，承袭了汉代的形制。下为柱础，刻有双螭；中为四角微圆的方柱；

柱身下段较长，刻弧形凹槽，上段略短，刻束竹纹，前为矩形石板，上刻死者的职衔。石板上下雕有绳纹、交龙纹和力神。柱以覆莲圆盖结顶，上面有一小兽。整个石柱比例匀称，造型秀美，以萧景墓神道石柱最为典型。石碑，下为赑屃座，碑首为圆形，额穿一圆孔，顶上雕蟠螭，有的碑侧还雕有图案。这些石刻是南朝文物鼎盛时期的代表作。

以上陵墓未经发掘，墓室形制尚不明了。20 世纪 60 年代曾在南京西善桥发掘一处南朝大墓，墓室为纵深椭圆形，上覆砖穹隆顶。墓前有砖砌甬道，墙上饰以预制拼装的狮子图案。该墓有可能是陈宣帝显宁陵。

隋唐五代建筑

在中国古代建筑史上，隋唐是一个富有创造力的高潮时期。隋和初唐的建筑风格基本上是两晋南北朝建筑风格的延续。从盛唐（8 世纪）开始，融化和吸收外来文化因素，逐渐形成完整的建筑体系，创造出空前未有的绚丽多姿的建筑风貌。中国古代的宫殿、寺院、宅第等的布局和形式至此已基本定型。高坐式家具形式也已稳定下来。到了五代十国时期，中原残破，十国中如南唐、吴越、前蜀、后蜀却保持相对安定局面，建筑仍有发展，并影响到北宋前期的建筑。

◆ 隋代建筑

隋初创建大兴城，采取北齐邺城、北魏洛阳城先例，严格区分宫殿、官署同坊（里）、市的界限；全城循中央轴线均衡对称，是里坊制城市的典型。大兴城面积 84 平方千米，约当明清北京城的两倍半，居古代世界城市之首。后因关中漕运不便，隋炀帝即位后又营建东都洛阳，重视漕运和水利的开发，而不强调形式上的均衡对称。大兴城在唐代称长安城，继续营建。城的布局形式，影响到东北地区渤海国上京龙泉府以及日本的平城京和平安京的规划。隋代开凿了南北大运河；为防御突厥族，又在北方修筑长城。隋代皇室崇信佛教，颁令各重要州城建仁寿舍利塔。隋代建造的赵州桥，是世界上最早的敞肩石拱桥。隋朝虽国祚不长，但建设规模宏大，影响深远。

隋代陶屋

◆ 唐代建筑

唐代国势强盛，北却突厥，西联吐蕃，势力越过帕米尔高原，同波斯有密切的经济和文化来往。都城长安，是当时世界东方的中心。除了长安和洛阳外，还出现扬州、广州、益州、明州、登州等繁荣的城市。有些商业城市如扬州，在晚唐时突破封闭的市和夜禁制度，形成商业长街和夜市。唐代地方城市有规模和形制的等级差别，在州（刺史）、军（节度使）所在地，普遍采取在大城内另建子城的制度，对宋代城市制度深有影响。

宫殿

唐长安宫室，除沿用隋建太极宫（西内）外，又建大明宫（东内）

和兴庆宫（南内）。武则天执政时，在洛阳大事营建，所建明堂、天堂等，是中国古代宏丽的宫殿建筑群。

陵墓、宗庙

唐代陵墓有因山设陵和平地起陵两种，因山设陵创自太宗的昭陵，而以高宗和武后合葬的唐乾陵最为宏伟。各陵基本因袭汉代四向开门的平面，但强调南侧神道的前导布局，设两重阙和石柱、石兽、石人等。这种形制基本为宋代陵墓沿用，影响及于明清。

唐代崇儒尚礼。东汉儒家倡导的以周礼为本的一套祭祀宗庙、天地、社稷、五岳等并营造有关建筑的制度，至唐代臻于完备，基本上为后世所遵循。

佛寺

唐代对各种宗教兼容并蓄，伊斯兰教、摩尼教、袄教（拜火教）、景教（基督教之一支）均占一席之地，最盛者仍推佛教。佛寺遍于全国，多数采取以殿阁为主体的布局。塔由寺的中心位置改为建在别院，这是佛教中国化的表现之一。中国现存唐代木构建筑4处，即五台南禅寺大殿、佛光寺大殿、芮城五龙庙正殿和平顺天台庵正殿，都在山西省，都是以材份为基本模数建造的。其中佛光寺大殿属殿堂型构架，其余为厅堂型构架。

塔

唐代木塔已无遗存，而砖石塔存留尚多，以西安地区、北京房山、河南嵩山一带较集中。有密檐式，如嵩山法王寺塔、西安荐福寺塔；有楼阁式，如西安慈恩寺塔、兴教寺玄奘塔；还有单层塔。塔的形式富于变化，有方圆、六角、八角等多种平面，造型装饰也丰富多样。云南大理南诏时期所建的崇圣寺千寻塔，仿照中原密檐塔式，造型优美。朝鲜新罗时期也有仿唐塔式的砖石塔。

石窟

唐代继续营造石窟，其雕刻和壁画吸收外来文化精华，创造出有中国特色的高水平艺术品，达到中国古代雕刻、绘画的高峰，与宗教建筑完美结合。唐代又倡行密宗，崇奉大日如来（卢舍那佛）、观世音等，风行建大佛像，造大佛阁，如龙门石窟奉先寺大佛，敦煌石窟、张掖和乐山的大佛，以及幽州悯忠寺悯忠阁等。

陕西西安小雁塔

河南洛阳龙门石窟奉先寺大佛

建筑技术

唐代建筑已达到成熟阶段，其标志是技术要求和空间处理以及造型艺术融合为一，而且运用了模数制。唐代的许多技术为宋代沿用。宋《营造法式》一书就保存了不少唐代的建筑做法、制度。

◆ 五代建筑

五代十国时期，中原政权中心由长安东移至洛阳，再移至汴州（开封）。汴州原为唐宣武军治所，其子城扩建为宫城，后周时罗城之外再建外罗城。十国之中，以蜀和南唐境内较为安定富庶，故成都、金陵的营建颇具规模。前后蜀和南唐的陵墓已发掘，木构则留存很少，仅存北汉平遥镇国寺大殿仍保持唐代风格。吴越国以太湖地区为中心，在杭州、苏州一带兴建寺塔、宫室、府第和园林。南方砖塔最早遗物均为吴越所建，如苏州云岩寺塔、杭州雷峰塔。后者开创砖身木檐塔型，成为后来长江下游的主要塔型。南京的南唐栖霞寺舍利塔和杭州灵隐寺吴越石塔，石刻精美，富于建筑形象。

唐乾陵

唐乾陵是唐高宗李治和皇后武曌的合葬墓。位于今陕西省乾县北约6千米的梁山上。唐光宅元年（684）高宗葬于乾陵，武则天于神龙二年（706）合葬于此。1961年定为全国重点文物保护单位。

◆ 乾陵外观

梁山三峰耸立，北峰最高，为地下墓室所在，墓道入口位于山南坡。南面二峰稍低，东西对峙，上立双阙，为陵的天然门户。陵原有内外两重围墙。据《唐会要》记载，当时有门、殿等建筑物378间，今已无存。神道在一条南北走向的岭脊上，北高南低，自南二峰之南第一对土阙起，至墓道入口长约4千米。由南至北，排列有华表1对，飞马、朱雀各1对，石马5对，石人10对，石碑两座。第二道门阙内，有参加唐高宗葬礼

的国内少数民族首领和外国
使者的石刻像 61 尊。内城 4
门外各有石狮一对，雕刻手
法简练，神态威武。北门外
还有石马 3 对。

陕西乾县乾陵双乳峰
（武则天和李治合葬陵）

　　乾陵因山为陵，在利
用天然地势上取得极大的成
功，较之前代堆土为山，气
势更加雄伟。乾陵墓室入口
在半山处，用条石加铁栓，
并注白铁封固，墓室建筑，
未经发掘，情况不明。

乾陵博物馆入口

◆ 陪葬墓

　　文献记载，乾陵陵园周围约 40 千米，分布着许多陪葬墓。集中在
乾陵的东南、梁山脚下有皇帝近亲及王公大臣陪葬墓 17 座。其中章怀
太子李贤、懿德太子李重润、永泰公主李仙蕙、中书令薛元超和右卫将
军李谨行 5 座墓，已经发掘。李贤、李重润、李仙蕙 3 座墓的地面仍存
方锥形坟丘、方形围墙、土阙，前有神道及石刻等遗物，表现了完整的
总体规划。

　　这几座墓的内部结构基本相同，由墓道、过洞、天井、前后甬道、
前后室等组成，石棺椁位于后室。墓道、过洞为土构，甬道为砖券结构，
墓室为砖穹隆顶。李仙蕙墓地下建筑总长达 87 米，李重润墓长 100 米，

李贤墓长 71 米。墓内有反映唐朝宫廷生活的大幅壁画，特别是李重润墓的城阙图，是研究唐代建筑的重要形象资料。

武则天明堂

武则天明堂指唐垂拱四年（688）武则天在洛阳主要宫殿乾元殿址附会古代明堂制度建造的殿堂。供布政、祭祀、受贺、飨宴、讲学辩论之用，是唐代著名大型建筑物。

相传建造明堂始于黄帝时。明堂是祭祀上帝的建筑，《周礼》称之为明政教之堂。关于明堂制度古代说法不一，其功能多同后代宫殿重复。汉以后儒者各立门户，意见分歧，甚至激烈到方案不能确定而无从建造的程度。唐太宗、高宗都曾打算建造明堂，因争议不决而止。武则天出于政治需要，力排众议，从位置和形制上都不顾古代传说而建造明堂。据记载，明堂方 300 尺，为多边形，高 294 尺，分 3 层，下层布政，中层祭祀，上层是圆顶亭子，上立高 1 丈的涂金铁凤，屋顶铺木胎夹纻漆瓦。明堂有上下贯通的巨木中柱，作为斗栱梁架依附的主干。明堂后建有高五层的天堂，内置高百尺的夹纻佛像。天堂的第三层已高过明堂，是更高大的建筑。695 年，明堂和天堂烧毁，696 年春重建明堂。明堂、天堂的规模和复杂程度超过唐两京所有宫殿。前后两次建造，日役万人，包括清理场地，都没有超过一年时间，反映其设计、施工能力已接近或达到封建社会的最高水平。武则天死后，明堂于 737 年拆去上层，恢复为乾元殿，又约在 755 年后安史之乱中被毁。

天台庵正殿

天台庵正殿是中国现存 4 座唐代木构建筑中明显具有厅堂型构架特点的一座。位于山西省平顺县王曲村，建于晚唐。另 3 座为佛光寺大殿、南禅寺大殿、五龙庙正殿。

天台庵正殿平面呈方形，面阔进深均 7 米多，各为三间，上覆单檐歇山筒板瓦顶，建在石台基上。殿身用 12 根圆形檐柱，不用内柱。殿进深用四椽；侧面两梢间各宽一椽跨，当心间宽两椽跨。由于它是歇山屋顶转过一椽的构造，正面两梢间面宽与侧面同，故正面当心间面宽近于梢间的 2 倍，殿内有两道横向梁架，每道下层为长四椽檐栿，架在明间前后檐柱上，梁上加平梁、叉手、蜀柱，承檩椽。这种构架与山西芮城五龙庙正殿相同，在宋式中称为"四架椽屋通檐用二柱"，山面自心间和角柱上出角栿及丁栿，搭在檐栿上，承托紧贴平梁的承椽枋，共同构成歇山构架。四椽栿首外伸成华栱，上托替木承橑檐槫。这种做法在宋代称"斗口跳"，在现存 4 座唐代木构建筑中是最简单的。

殿的两道梁架之间在各条檩下都加一条平行于檩的木枋，放在蜀柱上的大斗口内，与平梁相交。这种枋在宋代叫"襻间"，用作梁架间的联系梁，以加强构架的纵向稳定性。在现存 4 座唐代木构建筑中，也仅此殿用了襻间，是研究唐代厅堂型构架特点和发展演变的重要例证。

此殿经多次修缮，抽换构件甚多，歇山出挑部分也截短，在外观上唐代风貌已不明显。天台庵尚存清建戏台一座。

唐长安大明宫

唐长安大明宫是唐太宗李世民于贞观八年（634）为孝敬其父高祖李渊而修建的避暑别宫。又称东内太极宫。

大明宫是大唐帝国的大朝正宫，唐朝的政治中心和国家象征，位于唐京师长安（今西安）北侧的龙首原，是唐长安城三座主要宫殿"三大内"（东内大明宫、西内太极宫、南内兴庆宫）中规模最大的一座，拥有唐最宏伟壮丽的宫殿建筑群。

◆ **建造背景**

位于郭城外东北部与北郭墙相接。大明宫最初名为永安宫。选址于原太极宫禁苑内地势高爽的龙首原上，并于次年更名大明宫。但是工程刚刚启动不久，就因李渊的病逝而中止。龙朔二年（662），由于高宗李治患有风湿病，难以长期忍受太极宫低洼潮湿的居住环境，搁置近30年的大明宫工程于龙首原重新启动。工程期年而成，由时任将作大匠——著名画家阎立本主持，就此奠定了大明宫的整体格局。唐高宗曾将其改名为蓬莱宫，武后长安元年（701）重新定名大明宫。

在安史之乱后，大明宫取代太极宫成为唐长安城的政治中心以及礼仪中心之一（象征皇位继替的即位仪式主要还是在太极宫太极殿举行）。唐代末

陕西西安大明宫遗址公园

年，大明宫在经历了黄巢起义军、李茂贞岐山军与强藩朱全忠的 3 次焚毁之后，烟消云散。其遗址位于陕西省西安市新城区，于 1961 年被公布为第一批全国重点文物保护单位。

◆ **空间布局**

据考古实测，大明宫平面为南宽北窄的楔形，占地面积 3.42 平方千米，约相当于明清北京紫禁城的四倍。西墙长 2256 米，北墙长 1135 米，南墙为郭城北墙东部的一段长 1370 米。周环城墙共开有 11 道城门，南墙 5 门、西墙二门、北墙三门、东墙一门。南墙正门为丹凤门，南临翊善、光宅两坊，是皇帝宣布改元、大赦天下的重要舞台。

大明宫丹凤门

宫内地形由南至北变化较大，南部是平地，中部为一东西走向的高岗，岗北为太液池，池岸北、东、西三面均为平地。

大明宫内的朝、寝建筑主要集中在中部高地上。在宫殿序列上追摹了《周礼》中的"外、中、内"三朝制，以含元殿为外朝，坐落于高岗的最南端，与陡直的崖壁结合在一起。每年元正、冬至在此举行大朝会，重新确立皇帝与臣子、中央与地方之间的权力关系；宣政殿为中朝，位于岗地的最高点。每月朔望朝仪、上皇帝尊号、册立太子、册封大臣的礼仪，以及策试举人的殿试都是在此举行。宣政殿与含元殿之间相距 300 米，此间东西两侧为宫内官署，包括中书省、门下省、御史台、弘文馆等，是主要的政治中心之一；紫宸殿为内朝主殿，是常日听朝视事的地点。内朝区内还有延英殿、浴堂殿等，都是皇帝日常起居活动的重要地点。紫宸殿北部至高岗北坡为后妃居住的寝殿区，也称"禁庭"，主殿蓬莱殿，北侧的含凉殿是武则天诞下唐睿宗的地方。寝殿区以北为园林区，以太液池为核心，池中有蓬莱山，上建太液亭。环绕太液池主要为游憩、宴饮、宗教功能的建筑群，西岸建有麟德殿、大福殿；东岸有清思殿，殿庭可作毬场；北岸建有三清殿、玄元皇帝庙以及大角观等十余处道教宫观，大明宫见证了在李唐皇室的崇奉下，道教势力的兴盛发展。

大明宫西墙外夹城有翰林院，玄宗朝增设学士院，与翰林院共同组成皇帝的私人顾问机构，掌握草拟诏书的权力，成为新的政治中心，分割了中书、门下省的相权。翰林院、学士院的兴起反映了唐代政治决策权内移，政治活动内廷化的趋势。

◆ 主要建筑

大明宫是唐长安城"三大内"（太极宫、大明宫、兴庆宫）中最为辉煌壮丽的建筑群，主要有含元殿、麟德殿、三清殿、清思殿、宣政殿和紫宸殿等宫殿遗址。

含元殿

含元殿殿身面阔 11 间、进深 4 间，副阶周匝，形成外观面阔 13 间的重檐大殿。作为外朝，含元殿有意地模仿了在太极宫中被附会为外朝的承天门的形式：前出两座三重子母阙，上建翔鸾、栖凤二阁；殿前广场上置登闻鼓与肺石，供人申冤申诉。含元殿巧妙利用了地形。在原有土崖的基础上夯筑整饬，包砌石砖，形成陡立 10 米有余的高台，台上复筑二层阶基，形成殿基三重。据《西京记》描述，从含元殿向南眺望，"北据高岗，南望爽垲，终南如指掌，坊市俯而可窥。"并且遥对慈恩寺大雁塔，形成对景。高耸的台基塑造了含元殿"仰观玉座，若在霄汉"的气势。

巨大的高差也为在典礼中往返于殿、庭之间的官员们带来了负担。殿前龙尾道紧贴台基盘曲而上，平坡相间，总共 7 折，全长 75 米。在大中十二年（858）的大朝会上，年已八旬的柳公权就因为登殿过程太过疲惫恍惚，念错了皇帝的尊号而被罚俸一月。

麟德殿

麟德殿是大明宫园林区西部，用于举行非正式的宴会、接见藩国使臣等活动的场所。建筑由前中后三殿紧凑相接组成，共同建在一个二层台基上，俗称"三殿"。前殿面阔 11 间、进深 4 间，中殿面阔 11 间、进深 5 间，后殿面阔 9 间、进深 5 间，后接进深 35 米的大露台。其中中殿为二层楼阁，一层中部有一四面围合的内室，称为荫殿，可供消暑之用。

三清殿

三清殿是大明宫园林区西北部的一座道教宫观，建筑在平地夯筑、四面包砖的 14 米高台上，是园林区内最高的建筑。三清殿出土了大量的黄、绿、蓝色琉璃瓦以及三彩琉璃瓦，含元殿与麟德殿都仅见少量绿琉璃瓦，体现了唐中后期的建筑规格。

唐长安太极宫

唐长安太极宫是隋唐长安城的宫城。隋开皇二年（582），隋文帝于汉长安城东南营建新都大兴城，宫城名大兴宫；大业十四年（618）隋亡，唐朝建立后沿用隋都，将大兴城改称长安城、大兴宫为太极宫。高宗龙朔三年（663），大明宫建成，因其位于太极宫东北而被称东内，太极宫则为西内。二者皆毁于唐末战火。太极宫与唐长安大明宫、兴庆宫统称为三大内。

◆ 空间布局

长安城由宫城、皇城和外廓城三部分组成。中轴线北部为宫城，呈横长矩形，北倚北城墙，墙外有内苑，内苑之北又有禁苑；南对皇城，二者之间由一条宽 220 米以上的东西大道相隔。宫城中央为太极宫，东部为东宫，西部为掖庭宫、太仓和内侍省。其中，太极宫东西宽 1285 米、南北宽 1492 米，东宫东西宽 832.8 米，掖庭宫东西宽 702.5 米、南北宽均与太极宫同；三者总宽 2820.3 米，与皇城同宽。太极宫本身面积 1.92 平方千米，宫城总面积 4.2 平方千米。太极宫总体似棋盘式布局，其中轴线与皇城、都城重合。

太极宫之东的东宫，其东、西、北部均有夹城，供驻军所用。宫内布局和太极宫近似，也分朝区、寝区、后苑 3 部分，横街两道，规模及建筑等级低于太极宫。太极宫之西为掖庭宫，其北为太仓，西南为内侍省。

◆ 区域划分

太极宫内部被东西向的横街和横墙划分为前、中、后三部分，由南至北分别是朝区、寝区和苑囿区。

朝区

朝区南起宫城南墙，北至第一道横街。南城墙上开 3 个门，中央为承天门，是宫城正门，东为长乐门，西为永安门。长乐门、永安门内各有南北纵街一条，是由南面入宫的次要道路，穿过太极宫的朝区和寝区，直抵北部的苑囿区。承天门是向北延展的宫城轴线的起点，南对皇城正门朱雀门和都城正门明德门。门上有巨大城楼，东西有阙，阙外侧设朝堂，东侧有肺石，西侧有登闻鼓。门前是与皇城相隔的东西大道。承天门是举行朝贡、大赦、改元等大典之处，称大朝或外朝。承天门后，是隔门嘉德门。嘉德门后，是以太极殿为核心的矩形殿庭，南面为正门太极门，东西有左、右延明门，北面为朱明门，朱明门东西一线是朝、寝的分界，门外即第一道横街。殿庭四周以廊庑相连，庭中西南、东南两隅分设钟、鼓楼。庭中偏北是太极殿，是皇帝朔望听政和举行大礼之殿，称"中朝"或"日朝"。太极殿两侧有横墙，将殿庭分为前后两部分，墙上各开 1 门，称东上阁门和西上阁门。寝区内的两仪殿常朝时，百官由此 2 门入内，称为"入阁"。

"承天门 - 太极殿庭"中轴线东西两侧是宫内官署区，东片区（左延明门外）有门下省、史馆和弘文馆，西片区（右延明门外）有中书省和舍人院。要从东西两片区进入后部的寝区，南城墙长乐门、永安门内的两条南北纵街是重要的通路，路的北端分别设有虔化门和肃章门，与太极殿后的朱明门共在一条东西线上。此 3 门外即是宫内第一道横街，街北是宫中的寝区。

寝区

寝区分前后两排，中间以第二道横街相隔，又称"永巷"。巷南主要是皇帝活动区，大臣尚可进入，巷北是后妃居住区，外臣禁止进入。每排都由若干矩形宫院组成，每个宫院按"主殿＋正门"的基本合院形式布局。中轴线上是规模最大的主宫院，两侧则依次排列次级宫院。前排正中是两仪殿，正门为两仪门。两仪殿是寝区的正殿，皇帝日常在这里见群臣议政，称"内朝"或"常朝"。两仪殿之东为万春殿，正门献春门；两仪殿之西为千秋殿，正门宣秋门，此二殿是两仪殿的左右辅弼，共为一组。万春殿之东有立政殿、大吉殿和武德殿，武德殿在唐代也是皇帝常朝和举行大礼的重要政治空间；千秋殿之西有百福殿和承庆殿。后排正中是寝殿甘露殿，其东为神龙殿，西为安仁殿，三者一组，和前排相同。为加强防卫，两排宫院之间的永巷被四道横门阻断，东横门、西横门分设在万春殿－神龙殿东墙和千秋殿－安仁殿西墙一线上，日华门、月华门分设在立政殿东墙和百福殿西墙一线上，因此寝区前后两排的中央区被封闭为1区。

苑囿区

苑囿区以居于中轴线上的延嘉殿为核心宫殿，四周按园林样式布置"四海""金水河"等水景及殿宇楼阁。其所依北城墙有玄武、安礼二门（安礼门居玄武门东），在内苑召见大臣多由玄武门进入。

兴庆宫

兴庆宫是在开元二年（714）于唐玄宗旧居五王子宅所在的兴庆坊建成的宫殿。为唐长安三座皇宫之一，其他两座为大明宫、太极宫。宫殿为非对称布局，南部有较大的园林区，具有离宫性质。唐天祐元年（904）毁，遗址位于陕西省西安市东郊。

据记载，兴庆宫以一道东西横墙隔为南北两部分。北部为宫殿区，正门兴庆门在西墙；南部为园林区。东面通过夹城与大明宫连通。正殿为兴庆殿，主要建筑还有大同殿、南薰殿、新射殿等。龙首渠横贯宫殿区，在瀛洲门东侧穿越东西横墙，注入园林区的龙池。园林区以龙池为中心，东北角有沉香亭。宫的西南方有勤政务本楼和花萼相辉楼，是唐玄宗宣布大赦、改元、受降、受贺、接见、宴饮的地方。整座宫殿没有一条全局的中轴线，这在古代宫殿建筑中是罕见的。遗址南北 1250 米，东西 1080 米。1958 年在遗址范围内进行过发掘，其中有一座门址，面阔 5 间，长 26.5 米，进深 3 间，宽 19 米，进深的中间一间除明间处开门道外，西侧为夯土台，土台外侧接南面宫墙。此处遗址曾被认为是勤政务本楼遗址。但也有人认为，与文献所载的位置、规模都不相合。

南禅寺大殿

南禅寺大殿是中国现存最早的 4 座木结构建筑之一。位于山西省五台县城西南 22 千米李家庄。另 3 座为佛光寺大殿、天台庵正殿、五龙庙正殿。大殿重建于唐建中三年（782）。1961 年定为全国重点文物保护单位。

◆ 沿革

大殿西缝平梁上有建中三年墨书题记，称为"重修"，可知始建要早于此。寺内除大殿外，尚存明隆庆元年（1567）所建龙王殿和清代所建文殊殿、观音殿（山门）、伽蓝殿、罗汉殿等。大殿在北宋元祐元年（1086）进行过一次大规模的修葺，明清时期也做过几次修葺。1966 年，受邢台地震影响，殿身向东南倾斜，1973 年进行了复原性的整修。

◆ 大殿建筑

大殿面阔进深各三间，单檐歇山灰色筒板瓦顶。前檐明间安板门，两次间安破子棂窗，其他三面砌檐墙。檐柱 12 根，其中 3 根为抹棱方柱，当是始建时的遗物；其余圆柱为建中三年重建时物。各柱施素平青石柱础。1973 年修葺中拆除了殿前两侧清代增建的伽蓝殿、罗汉殿，发掘出原来的阶基和月台遗迹。阶基高 110 厘米，与大月台相连，正面设踏跺 6 级。殿内外都用方砖铺墁，四周方砖散水。

殿的梁架结构简单，为四架椽屋通檐用二柱，柱头间仅施阑额一道，至角柱不出头。柱头斗栱为五铺作双抄偷心造，在明间正中的柱头枋上隐刻出驼峰，上置一散斗。屋顶坡度为 1：5.15，是已知木结构古建筑屋顶中最平缓的。1973 年修缮时，恢复了台明、月台原状，并尽量多保留大殿原有构

山西五台南禅寺大殿

件。恢复了唐代殿宇建筑出檐深远的浑朴雄放面貌。大殿门窗也大体恢复了原来的式样。

大殿华栱外棱和耍头底面均刷白，用紫色画出口朝下的"凹"形图案，阑额上涂朱色，上加白圆点，风格与佛光寺大殿相同，可能是唐代彩画。

◆ **佛像**

殿内还保留了与木构架同时代的泥塑佛像 17 尊，安置在凹形的砖砌佛坛上。坛高 70 厘米，三面砌须弥座，底层莲瓣圆浑，年代较早。束腰壸门内砖雕花卉、动物、方胜等，形象生动，刀法简洁，可能是宋、金时期遗物。佛坛上后部正中为释迦牟尼塑像，结跏趺坐于八角形的须弥座上，庄严肃穆，总高近 4 米。佛两侧塑有佛弟子、菩萨、天王等。这

南禅寺大殿内塑像

是内地现存最早的唐塑，为认识唐代雕塑艺术成就和特征的依据。

平顺龙门寺西配殿

平顺龙门寺西配殿是位于山西平顺、建于五代后唐（923 ～ 936）时期的三间四椽的悬山顶小建筑。其形制简单，但为中国现存修造年代最为古老的木构建筑之一。平顺龙门寺西配殿稀有、古拙，具有重大的历史价值，是龙门寺内重要的早期建筑遗存。

据留存在寺内的两件重要文物——五代后唐长兴元年（930）造像碑与后汉乾祐三年（950）《佛顶尊胜陀罗尼经》幢上面的文字记载，西配殿建立于五代后唐同光三年至清泰二年（925 ～ 935）。其中，陀罗尼经幢铭文中的"府城及漳北二县邑人等共修盖到观音菩萨堂一座并石像三事"，所指或即现存之西配殿。

西配殿柱梁构架形制简约，采用通檐之四椽栿。梁头至前后檐皆伸出栌斗口，出一跳承挑替木和撩风槫，形成所谓的"斗口跳"。斗口跳作为最简单的铺作构造样式之一，是木构架柱梁之间较为直接的交接方式之一。四椽栿上，以驼峰承载平梁、叉手、蜀柱，样式特点一览无余。在细部构造与构件加工特征方面，西配殿多存古风，如托脚直接托抵梁头并采用锯齿状接口、驼峰采用掐瓣样式、栌斗口内采用替木式短栱及扶壁栱的特殊组合样式等，均被认为是早期形制的珍贵孑遗，同时也是山西地方建筑样式特点的集中体现。

五龙庙正殿

五龙庙正殿是中国现存的 4 座唐代木构建筑之一。位于山西省芮城县龙泉村。另 3 座为佛光寺大殿、南禅寺大殿、天台庵正殿。五龙庙本名广仁王庙，建于 9 世纪上半叶。

正殿结构属于厅堂型，规模不大。台基高 1.06 米，单檐歇山灰瓦顶，面阔 11.58 米，五间六柱，进深 4.94 米，三间四柱，共有檐柱 16 根，无内柱。柱为圆形直柱，角柱有明显生起和侧脚，柱间架阑额，无普拍枋。柱头斗栱的大斗上挑出两层华栱，下层华栱后尾承托四椽栿，上层华栱是四椽栿伸出外檐部分做成，在栱头上横放替

山西芮城五龙庙正殿

木承托挑檐檩。四椽栿两端立托脚，平梁两端立叉手。这种梁架在宋式建筑中称为"四架椽屋通檐用二柱"，是小型厅堂常用做法。构架用材为 20.5 厘米 ×15.5 厘米，栔高 15.5 厘米，约相当于宋式五等材。

五龙庙正殿历经多次重修，外观已不能反映唐代建筑风貌，但在研究唐代房屋构架上颇有价值：①唐代称歇山顶为"厦两头"，此殿两山的做法构造简单，是厦两头的实例。②此殿在列柱中线以上的横栱，由一令栱一素枋为一组，重叠两层组成，保留了盛唐

山西芮城五龙庙正殿梁架

以前的做法。③托脚和叉手的斜度相近，基本可联成直线，为研究叉手、托脚演变的重要实例。

宋辽金元建筑

宋、辽、金时代，中国南北建筑风格逐渐产生差异，但都趋向华美繁复、细腻精致，发展出多种装饰手法。建筑结构和造型趋于定型化、制度化。砖石和木构高层建筑的发展，表明建筑技术的提高。元代（1271 ～ 1368）统一国家的建立，结束了长期南北对抗局面，使原先各自发展的文化、科学和技术，包括建筑在内，融合起来了。在元代，中亚、西亚各族人民大量进入中国，为这种融合增加了新的营养。

由于中国古代建筑的功能和材料结构长时期变化不大，所以形成不同时代风格的主要因素是审美倾向的差异；同时，由于古代社会各民族、地区间有很强的封闭性，一旦受到外来文化的冲击或各地区、民族间的文化发生急剧的交融，也会促使艺术风格发生变化。宋、辽、金、元各个历史时期的建筑，具有典型的时代风格。

◆ 北宋建筑

宋朝在经济、手工业和科学技术方面都有发展，使得宋代的建筑师、木匠、技工、工程师、斗栱体系、建筑构造与造型技术达到了很高的水平。

代表建筑

北宋建筑的代表有城市建筑、宫殿、陵墓、寺、塔等。北宋都城东京开封城，是当时全国最大城市，水陆交通发达，商业、手工业繁盛，人口逾百万。到北宋中期，开封的里坊制逐渐废弛，出现了开放的商业街、居民巷体制的街巷制。城市的管理，如疏浚河流、修桥铺路、防火设施和殡葬、救济、施药等，均有机构执掌，形成制度，在当时世界上居于先进地位。开封宫城范围有限，宫殿规模不大；宫城宣德门至汴河州桥间两侧建有长廊的御街，以及工字形平面的宫殿组合，对金、元两朝有直接影响。宋代皇帝崇信道教，最大的宫观建设是玉清昭应宫（真宗时）和根据道士奏议而造的上清宝箓宫、神霄万寿宫、艮岳（徽宗时）等。

北宋陵墓区在嵩山北麓，今河南巩义市境内。陵制模仿唐代，但规模远逊；又因受风水之说的支配，一反常规，陵墓选前高后低的地形。遗留在地面上的大量石雕刻品是宋代雕刻技艺的珍贵遗物。西夏王陵位于国都兴庆府（今银川）以西贺兰山麓，明显受宋陵制度的影响。

宋代佛教日益中国
化、世俗化，各地普遍
修筑寺、塔。现存砖塔
多数创建于宋代，类型
繁多，巧思迭出，结构
合理，是砖塔发展的高

宁夏银川西夏王陵李元昊泰陵（3 号陵）全景

峰时期。大塔如河北定县开元寺塔、景县开福寺塔、山东长清县（今济
南市长清区）灵岩寺塔。砖木混合塔如松江兴圣教寺塔、杭州六和塔（南
宋）、苏州报恩寺塔（南宋），琉璃塔如开封祐国寺塔等。宋代铸造铁
塔工艺精美，以当阳玉泉寺铁塔为代表。赵县陀罗尼经幢，雕刻精致，
尺度高大，在中国古代首屈一指。

主要特点

北宋木构建筑的总趋向是结构精巧，组合复杂，装饰多样，可以太
原晋祠圣母殿、正定隆兴寺摩尼殿为代表。小木作制品如藻井、帐龛、
门窗、经橱、勾阑之类，日趋华美繁缛。室内高坐式家具由唐中期开始
流行，至宋成为主流，品类完备，式样定型。建筑色彩由于使用琉璃和
彩绘而复杂华丽，不同于汉、唐明朗简朴的风格。彩画中碾玉装饰渐居
优势，成为明代旋子彩画的先声。石雕刻、木雕刻用于建筑的部位日益
增多，不同品类按复杂程度分级，已形成一门专业工艺。南宋木建筑有
较强的地方特色，构架以厅堂型为主，风格雅洁。

建筑专著

北宋出现两部建筑专著为著名匠师、开宝寺大塔的设计者喻浩撰写的《木经》，将作监少监李诚编修的《营造法式》。前者已佚，后者保存至今。《营造法式》详列北宋官式建筑各工种的技术规范和劳动定额，材料预算定额，以及某些材料配方、几何计算、测定方位和水平的方法等。尤为重要的是关于材份制度的记述，这是一种建筑上的模数制度，是木结构技术发展到成熟和定型阶段的产物。《营造法式》是研究中国古代建筑技术最重要的文献。

◆ 辽代建筑

契丹族原是辽河上源西拉木伦河流域游牧民族，建立辽国后设置五京：上京临潢府（今内蒙古林东）、中京大定府（今辽宁宁城）、东京辽阳府（今辽宁辽阳）、南京析津府（今北京）、西京大同府（今山西大同）。辽上京、中京城遗迹尚存，辽陵在上京附近。辽南京城是明清北京城的最早基础，附近有大批辽墓、辽塔（北京天宁寺塔、易县泰宁寺塔、涿州市智度寺塔等）。从蓟县（今天津市蓟州区）独乐寺山门和观音阁木构楼阁可以清楚地看到辽对唐代建筑的继承关系。辽宁义县的辽代奉国寺大殿，是现存古代最大木构建筑之一。西京大同及其附近，留存下来一批珍贵的辽代木构建筑，如华严寺下寺薄伽教藏殿、

天津蓟州独乐寺山门

善化寺大殿、应县佛宫寺释迦塔等。释迦塔历经地震、大风、炮击的危害，屹立近千年，为中国仅存的大型木塔。

辽代建筑保留了浓厚的唐代作风。但是密檐砖塔则很特殊，形制多是实心，底层立于须弥座、平坐勾阑和莲瓣之上，塔身八角或六角，仿木构的斗栱、柱、枋、门窗，上作层檐。辽塔一般色白或浅黄，极醒目。金代颇多仿建。

◆ 金代建筑

金朝立国后，先建都上京会宁府（今黑龙江阿城），迁中都大兴府（今北京），最后迁至南京开封府。中都建设规模宏伟，宫殿用汉白玉为台基栏杆，绿琉璃瓦，色彩强烈，装饰华丽，奠定了元、明宫殿建筑的基本风格。现存重要的金代建筑有大同善化寺的三圣殿和山门、五台佛光寺文殊殿、朔县崇福寺、繁峙岩山寺等。后二者还保存大幅金代壁画，是现存最早的寺院壁画遗物。金时期仿木砖作常见于砖石塔、砖石墓室。侯马金代董氏墓中的砖雕舞台场景是中国剧场建筑的最早资料。

金代统治者崇儒，修复曲阜孔庙，又修理诸岳庙、渎庙和后土庙。重修后留下的镌刻平面图碑，是关于古代建筑群的重要资料。金代建筑颇富创造性，所谓"制度不经"，如采用大额承重梁架，大量减柱移柱（如佛光寺文殊殿、崇福寺弥陀殿），对元代建筑颇有影响。

山西朔州崇福寺弥陀殿

◆ 南宋建筑

南宋偏安江南，以杭州为"行在"，改称临安，发展为拥有百万人口的城市。其他重要城市有成都、襄阳、寿州、明州、广州、泉州等，后三者是对外贸易港口。广州有大量阿拉伯侨民，建立了最早的清真寺建筑，如广州怀圣寺光塔等。现存苏州的平江府图碑和桂林的《静江府修筑城池图》刻石，是宋代州府级城市的子城制度的实证。

福建盛产花岗石，石工技术精湛，自五代至南宋，福建出现石造塔，桥甚多，如北宋泉州洛阳桥、南宋漳州虎渡桥和泉州开元寺双石塔。南宋保持了汉族固有建筑传统，但无大规模建设。木构建筑有较强的地方特色，风格含蓄雅洁。

◆ 元代建筑

元代建筑上承宋、辽、金，下启明、清，代表建筑除都城、宫殿、宗教建筑外，还增加了天文建筑。

都城

元建首都大都城于金中都的东北郊，为今天北京城的前身。大都城的规划明显比附《考工记》中的王城制度。它是继隋唐长安城、洛阳城以后中国最后一座平地起建的都城，在体制上是按街巷制建造的。大都城水源充沛，利用城内河道和预建的下水道网，排水便利，街道和居住区布置得宜，反映了当时城市规划的先进水平。元代开凿自大都经通州、临清抵达杭州的大运河，使南北经济联系加强；又分全国为若干行省，急递铺和驿站由大都辐射全国各地。这些措施被明清继承下来，奠定了600多年以北京为中心的统一国家的局面。

宫殿

元代宫殿形制继承宋、金，而室内布置却仍然表现出蒙古族习俗的要求，又点缀个别中亚、阿拉伯的浴室、畏兀儿殿堂等建筑，反映了当时的政治、文化背景。汉族传统的祭奉天地、社稷、宗庙、五岳、四渎的坛庙祠祀建筑和孔庙、学宫等，都得到修缮或重建。现存元代最大木构建筑是曲阳的北岳庙德宁殿。

宗教建筑

元代宗教建筑风格多样。佛教中，喇嘛教寺庙最盛。忽必烈在大都建万安寺，建筑比拟宫殿，其中主要建筑是尼泊尔名匠阿尼哥设计的大圣寿万安寺塔，明代称妙应寺白塔。喇嘛教建筑的装饰题材和装銮方法也传入中原。江南地区佛寺仍继承南宋以来的特点，今存者如上海真如寺大殿、浙江金华天宁寺、武义延福寺大殿。西藏地区的寺院如夏鲁寺，在藏式建筑基础上加上汉式殿屋，斗栱明显带有元代特点，反映出汉藏建筑艺术的交流。道教在元代也受到尊信，为元代皇帝祈福而建的永乐宫有少府官匠参加建设，基本反映了金元之际官式建筑的特点。元代伊斯兰教建筑随色目人移民遍布全国各地，重要遗存有新疆吐虎鲁克玛扎、泉州清净寺、杭州真教寺等。前二者属中亚样式，后者在窑殿上加汉式屋顶，出现同中国传统

北京妙应寺白塔

建筑结合的趋势，至明代遂发展出采用汉族建筑式样为主的清真寺。

天文建筑

天文学在元代有很大发展。科学家郭守敬曾主持修建大都司天台和河南登封测景台。

华林寺大殿

华林寺大殿是中国长江以南现存年代最早的木构建筑。1982年定为全国重点文物保护单位。华林寺位于福建省福州市屏山南麓，原称越山吉祥禅院，明正统九年（1444）改今名。寺内其他建筑均已毁圮，仅存大殿，为北宋乾德二年（964）吴越驻福州守臣所创建，具有鲜明的地方特色，并保存着唐宋之间建筑的特点。

福建福州华林寺大殿外观

殿身南向，面阔3间，长15.87米，进深8椽，宽14.68米，单檐歇山顶。殿前部（深两椽）原为敞廊，廊内设平棊，殿内彻上明造。后世在殿周围建

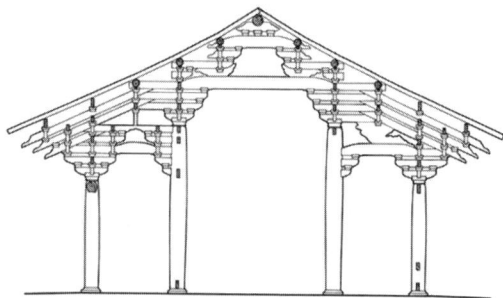

华林寺大殿剖面图

围廊，故原建门窗和檐出不明，殿内塑像已无存。大殿内柱显著高起，

属厅堂型构架，但其内柱柱头上又有高度近 3 米的栱枋，与四周檐柱上三层昂尾相接，形成一个不在同一标高上的铺作层。所以，华林寺大殿的构架是一种特殊的厅堂型构架。

大殿外檐铺作出两层栱、三层昂，斗栱用材硕大，铺作总高 2.65 米，总出跳 2.08 米，均居中国现存实例之首。殿内构件造型优美，如断面近似圆形的月梁，造型丰盈浑圆，线条流畅，动态感很强；昂嘴也斫成枭混曲线。这些特殊的造型处理，使大殿在古朴雄浑中显出南方建筑特有轻快秀丽的格调。

福州僻处海隅，华林寺大殿中保留了一些早期建筑的处理手法，如梭柱、皿斗、单栱素方重叠的扶壁栱、柱间不用补间铺作等手法，在中原地区的运用可追溯到初唐甚至南北朝时期，而在北方现存唐建筑中已很少见了。

华林寺大殿中一些特殊的手法，如昂嘴、梁头雕作曲线，梁断面近圆形等，除福建地区外，又见于广东地区的宋元建筑中，还传播到朝鲜、日本等地。日本镰仓时代的大佛样建筑明显是受宋元时期闽粤地方建筑的影响而形成的。

万荣稷王庙大殿

万荣稷王庙大殿是唯一留存至今的北宋代庑殿顶建筑，是晋南地区宋金木构建筑的重要实例。建成时间为北宋天圣元年（1023），为全国重点文物保护单位。

稷王庙大殿通面阔约 20 米、通进深约 12.5 米，面阔五开间，进深六架椽，规模较为宏敞。建筑侧样通檐用四柱，其内柱较檐柱皆大幅度升高，直抵槫下，柱头用内额与顺栿串纵横拉结，形成稳固框架，四周乳栿则以"梁尾入柱"的方式与内柱直接相交。上述形制特点近于标准的《营造法式》厅堂构架，在北方地区现存的早期木构建筑中相对少见。稷王庙斗栱采用五铺作斗栱，用材硕大，逐间用补间铺作一朵，显得疏朗有力。铺作构成方式采用单杪单下昂，杪头作假昂嘴，其昂嘴下缘作曲线状，形制较为特殊。补间铺作里转皆以昂尾向上挑斡，昂下用斜置栱作为靴楔，样式亦属罕见。仅就斗栱形制而言，稷王庙正殿与北宋官式制度差异显著，与晋东南地区常见的样式谱系亦有所区别，反而与黄河对岸的陕西地区相对接近，是考察古代建筑地域性特点的例证。

关于万荣稷王庙大殿始建的直接证据大多已湮没无闻，唯一可知的信息是此建筑曾于元代经历过修缮，旧有的主流观点以此建筑形制古朴、斗栱用材硕大等特点判断其建成时间应不晚于金代。2007年，北京大学考古文博学院团队对此建筑进行了新的详细勘察，基于建筑形制年代、建筑材料、建筑尺度、C_{14}木材年代测定等多角度的分析与测定，并由一处意外发现的模糊题记最终断定其建成时间为北宋天圣元年（1023），是留存至今唯一的北宋庑殿顶建筑。

北岳庙

从汉代至清初千余年间历代帝王祭祀北岳恒山的地方。1982年定为全国重点文物保护单位。

位于中国河北省曲阳县城内西南部，汉代庙址在今县城西北，北魏时移至现址，经宋元两代重建和扩建，至明代中叶规制臻于完备。主殿德宁殿重建于元世祖至元七年（1270），为现存最大的元代木构建筑。

北岳庙有内外两重围墙，内分为前后两院。主要建筑物置于中轴线上，无东西配殿。前院仅存明代所建八角三檐形式的御香亭（敬一亭）一座。后院建筑自南向北依次为凌霄门（3 间）、三山门（3 间）、飞石殿（仅存台基）、德宁殿。

德宁殿为庑殿顶，殿身面阔七间，进深四间。殿身正面五间设槅扇门，两尽间设槛窗。后檐明间设板门，其余各间砌檐墙。大殿平面柱网布置与宋《营造法式》中的"金箱斗底槽"相似，但外槽前部尺寸扩大，增加了殿内参拜活动的使用面积。整个大殿建于 3 米高的砖台上，前有宽五间的大月台，三面设踏道，四周配以汉白玉石的栏板，雕狮望柱，整体造型庄重，气势雄伟。

德宁殿以殿内珍贵壁画闻名于世。东西檐墙里壁满绘元代道教题材的巨幅《天宫图》，壁画平均高 7.7 米，长 17.6 米。北岳庙内存有北魏、北齐以及唐、宋、

河北曲阳北岳庙德宁殿

元、明、清历代碑碣 135 块，有些是书法中的珍品。

晋祠圣母殿

晋祠圣母殿是晋祠的主殿，现存北宋重要建筑之一。晋祠位于山西省太原市西南郊约 25 千米的悬瓮山麓。1961 年定为全国重点文物保护单位。

　　圣母殿建于北宋天圣（1023～1032）年间，位于晋祠主轴线上，坐西朝东，重檐歇山顶。殿身面阔五间，进深四间，殿堂结构为单槽形式，即有一排内柱，殿四周有深一间的回廊，构成下檐，即《营造法式》所载"副阶周匝"的做法。为了形成一个深二间（四椽）宽阔前廊，其构架做了特殊处理：将殿下檐前廊当中三间的四道梁架加长到深二间（四椽），梁尾插到殿身单槽缝的内柱上，使殿身前檐当中三间的四柱不落地面而立在上述梁上，并把殿身正面的门窗槛墙后推到内柱之间。殿内部分深三间（六椽），上架通梁，空间完整高敞。殿柱侧脚和生起显著；檐口线从次间上翘，形成富有弹性的檐口曲线。大殿正面八根下檐柱上有木制雕龙缠绕，即《营造法式》所载的缠龙柱，是现存宋代这种柱的孤例。大殿副阶斗栱出两跳，华栱头外延为假昂头，殿身斗栱出三跳，为两华栱一下昂，上加昂形耍头。补间铺作仅正面每间一朵，侧面及背面不用。此殿是现存宋代建筑中唯一用单槽副阶周匝的建筑，

山西太原晋祠圣母殿外观

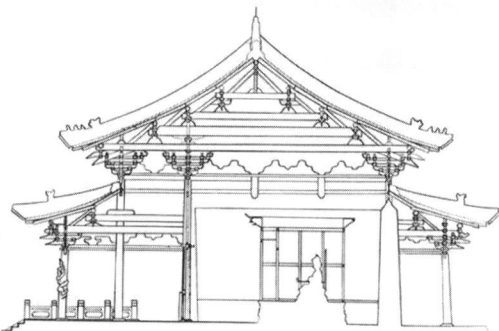

晋祠圣母殿横剖面图

柱身侧脚，生起显著，屋顶及檐口曲线圆和，表现了典型的北宋建筑风格，可视为宋式建筑代表作。

圣母殿前有鱼沼飞梁，是在方形水池上架设的十字形桥，为石柱木构梁式桥，交搭处用斗栱，其渊源可追溯到北朝，但现存的为宋代遗物。桥面石雕栏杆是中华人民共和国成立后重修时仿古新制的，并无遗物做依据。

飞梁之前的献殿，是陈设祭品之所，建于金大定八年（1168）。殿面阔三间，进深二间，梁架用前后檐通梁，单檐歇山顶，两山构造简洁。明间前后设门，其余都装透空的栅栏，是四面开敞的小殿。

高平开化寺大殿

高平开化寺大殿是以形制典型的宋代木构架与保存完整的宋式彩画、壁画而出名的晋东南地区宋代木构建筑。是全国重点文物保护单位。

开化寺位于山西省晋城市高平市，是晋东南地区众所周知的寺院。创建于北齐武平二年（571），初名清凉寺。会昌毁佛期间，寺被拆毁。晚唐龙纪、大顺年间（889～891）重修。唐末五代因名僧大愚禅师住持而再度兴盛并确立了后世规模。宋天圣八年（1030）改额开化禅院，亦名开化寺。寺内现存的正大殿重建于北宋熙宁六年至元祐七年（1073～1092）。其后，寺院虽代有兴工，但正殿本身受改较少，完整保存了宋代营建时的状态。

大殿为三开间六架椽屋，采用严格的正方形平面，其上为歇山式屋顶。内部构架简洁工整，基本特征介于宋代殿阁式构架与厅堂式构架之间。周檐采用五铺作单杪单下昂斗栱，昂嘴为尖锐颀长的"批竹"样式，深具晋东南地方特点。殿内四壁完整保留有大面积的早期彩画，画工精湛，内容以经变故事为主。殿内西后内柱上保存有宋代画匠郭发所留题记，证明壁画与木结构本身创自同时期。除壁画外，大殿木构架外表尚附着有大量彩画痕迹，其形制统一、完整，较少有扰动和叠压痕迹，与宋《营造法式》彩画制度关系密切。特别是周檐斗栱之间的栱眼壁彩画，其构图、样式及设色均近于《营造法式》制度所谓的"五彩遍装铺地卷成海石榴华"，是宋代建筑彩画的罕见实例。开化寺大殿的木构建筑本身连同彩画、壁画共同构成了历史信息高度丰富、统一的整体，具有突出的历史价值。

高平游仙寺大殿

高平游仙寺大殿是晋东南地区北宋早中期的重要木构建筑。建设时间不晚于宋康定二年（1041），是全国重点文物保护单位。游仙寺位于山西省晋城市高平市游仙山。寺院始建于北宋淳化（990～995）年间，后有上党延唐寺僧人与乡绅张明共同创建佛殿三间，也即今日所存之正殿。金元时期，寺院得到高平望族——李氏家族的捐施护持，虽两遭兵燹而不废，得以完好延续至今。除正殿外，寺内还保存有金建三佛殿、明建七佛殿等建筑。

大殿为三开间六架椽屋，采用严格的正方形平面，其上冠以歇山式屋顶。内部构架较为简洁，据修缮工程中所发现札记可知，此建筑的梁架部分曾于元泰定年间进行过大幅修缮，殿内梁栿多采用不规则弯材，梁栿以上的斗栱构件在样式上亦与外檐斗栱有所差异，应均为当时更换所致。大殿外檐采用五铺作斗栱，逐间设置补间铺作一朵，其中当柱头者采用单杪单下昂斗栱、补间则全用卷头造，形成交错的韵律。斗栱构造设计精准、构件加工考究，基本保留了宋代原初样式，体现出当地木构建筑技术的发展水平。

奉国寺大殿

奉国寺大殿是东北地区现存年代最早的木构建筑。又称七佛殿。建于 1020 年，是辽代流行的介于厅堂型和殿堂型之间构架的典型实例。

奉国寺在辽宁省义县城内。据碑文记载，寺原名咸熙寺，创建于辽开泰九年（1020），原有大殿、法堂各 9 间，两廊 200 间，阁 3 座，以及山门、伽蓝堂、方丈、僧房、斋堂等，规模巨大。寺的总体布局待考。1961 年定为全国重点文物保护单位。

辽代建筑现仅存大殿一座，殿后残存一段高甬道，表明法堂在殿后。

大殿建在砖包砌的高台上，前有月台。殿面阔 9 间，长 48.20 米，进深 5 间（10 椽），深 25.13 米。正面中央 7 间开 3 门 4 窗，背面明间开门，其余部分用厚墙封闭，上覆单檐庑殿屋

辽宁义县奉国寺大雄宝殿

顶。体量之大在现存辽代建筑中首屈一指。

辽宁义县奉国寺大殿内佛像

◆ **柱网布局**

平面柱网布局从实际需要出发，体现了很大的灵活性。为了在殿内垒砌一个巨大的佛台，供安放佛像之用，所以将殿内当中 5 间每缝间只用两根金柱，扩大了使用面积。

◆ **柱的生起和侧脚**

所有檐柱和角柱都微向内倾，檐柱高度从当心间向左右两端依次加高，具有显著的侧脚和生起。殿内前槽 6 根金柱的外侧各加抱柱 1 根，以增强 4 椽栿榫头的抗剪应力。

◆ **梁架**

木结构用料材高 29 厘米，厚 20 厘米，相当于宋《营造法式》的一等材，和殿身的规模相称。大木作用材，除阑额、普拍枋采用 2 : 1 的断面外，大都采用 3 : 2 的断面，同《营造法式》中的造梁制度大致相符。

横架进深 10 椽，举折四分之一，坡度平缓。为了在内槽的佛台上安放高大的佛像，需要较高旷的空间，因而采用厅堂构架法将内柱加高。柱头以上部分，分别用 4 椽栿、6 椽栿和乳栿、劄牵、平梁等逐层叠架而上，构成刚健粗壮的屋架，结构和功能高度统一。在前后檐柱和金柱缝上，使用阑额和多层柱头枋与横架紧密结合，在内外柱头上组成两个环形框架，加强了整个屋架的整体性。

◆ 斗栱

斗栱主要有 5 种：外檐柱头铺作、转角铺作、补间铺作各一种；内檐柱头铺作、补间铺作各一种。此外，在劄牵、驼峰、蜀柱和襻间等处，还使用一些零星斗栱构件。在整组构架中，每种斗栱都具有一定的功能。内檐柱头铺作与五台佛光寺大殿、天津市蓟州区独乐寺观音阁的结构法颇有相同之处。

◆ 彩画

内檐梁枋、斗栱上保留有不少辽代彩画装饰，从设色来看，以朱红、青、绿三色为主调，系"五彩遍装"。图案内容有莲花、宝相花、团窠柿蒂和各种琐文。特别是 4 椽栿和 6 椽栿上所画的飞仙，姿态优美，衣纹流畅，是罕见的辽代建筑装饰。

云岩寺飞天藏殿

云岩寺飞天藏殿是四川省现存年代最早的木建筑。飞天藏又名星辰车，形如佛教的转轮藏而无经橱，为现存孤例，也是现存宋、辽、金时代的小木作重要实例。建于宋淳熙八年（1181），位于四川省江油县（今江油市）窦圌山上。

云岩寺原为道教建筑，相传唐代窦圌在此开山修道，建筑宫观。五代前蜀杜光庭的《窦圌山记》记载："其顶有天尊古殿，不知始建年月。"说明此寺早期确系道教建筑，后来改成佛寺。

◆ 飞天藏殿

原为寺的西配殿，平面略呈正方形，面宽 3 间 16.55 米，进深 3 间

16.91 米。殿的外观重檐歇山顶，并带前檐廊，总高 15.80 米，为厅堂型构架。上下两层檐均施五铺作斗栱，补间铺作仅一朵，斗栱后尾起长大的挑斡。栱头卷杀分瓣清楚，斗欹頔势显明，斗下不用普拍枋，檐柱有明显的生起、侧脚。柱身卷杀做梭柱，柱头卷杀做覆盆状，屋顶用叉手，均是宋代的手法。整座殿的内部空间、平面布置等都是按设置飞天藏的需要而设计的。

四川江油云岩寺飞天藏殿细部

◆ 飞天藏

位于殿正中，自底至顶共高 10.86 米，直径 7.5 米。中心用 50 厘米的大木轴通贯上下，木轴立于特制的铁铸轴承上，旋转自如。在木轴上穿梁枋，安木板，构成八角形的框架。再于框架的外表饰以精密的小木雕。下层形如八角亭子，每面一间，开一门，外有垂莲柱，阑额下有欢门状雕饰花板。上层为有飞廊相连的天宫楼阁，有各种屋檐、平坐、栏杆、柱子等，像一座精美的巨大木塔。檐下雕作的斗栱极为精密，有的近于如意斗栱，是这类斗栱的最早实例。在飞天藏的梁枋上保存着宋代的彩画，并施有沥粉技法，是建筑彩画中用沥粉的最早实物。飞天藏四周和天宫楼阁内部有精美的道教题材木雕像，原有 200 多个，现存 100 多个。其中下层门上浮钉的圆雕道教像同宋《营造法式》雕作制度中所载插雕做法相合，是难得的宋代雕作实例。

陵川西溪二仙庙后殿

陵川西溪二仙庙后殿是金代中期的重要木构建筑，位于中国山西东南地区陵川西溪二仙庙内。现为全国重点文物保护单位。

陵川西溪二仙庙是晋东南重要的二仙祠庙之一，自金代末年以来长期作为二仙祭祀活动的中心。因孝道成仙的"真泽二仙"的传说流传于山西长治壶关地区，在民间颇有影响，山中建设的真泽二仙祖宫是二仙祭祀的圣地。时至宋金交际，壶关二仙宫在战事中损毁严重，位于陵川县城西面山谷中的西溪二仙宫在此时崛起，大规模的建设活动因为有当地官员显贵的参与而得以顺利展开。由庙内现存金大定五年（1165）赵安时所撰《重修真泽二仙庙碑》可知，当时的营建活动"不数年而大成，重建正大殿三间、挟殿六间、前大殿三间、两重檐梳洗楼一坐、三滴水三门九间、五道安乐殿各一坐、行廊前后共三十余间……"与今日庙貌吻合，可谓 800 余年庙貌，一朝奠定。

西溪二仙宫后殿是庙内最重要的殿宇，同时也是保存历史最久远的建筑遗存。自金大定（1161～1189）年间创建以来，大殿历经元、明、清、中华民国各个时期的修缮而存续。由形制来看，此建筑大木构架主体的样式做法仍具备显著的早期特征，而后世修缮改易的痕迹尚可辨识。因此总体而言，西溪二仙庙后殿是一座历史信息高度丰富、具有研究与欣赏价值的早期木构建筑遗存。

后殿沿用晋东南常见的三间六椽格局，上覆歇山顶，梁架采用前乳栿对四椽栿通檐用三柱，前廊高敞，主室阔达。檐下用五铺作斗栱，外观为双下昂，其中补间铺作的第二道下昂为真昂，昂尾向上斜出、挑托平槫。斗栱的外观工整统一，已是《营造法式》所推广的北宋末期官方样式。从设计缜密的斗栱与加工考究的梁架来看，西溪二仙宫后殿作为地方建筑，体现了宋金时期木构建筑的全面成熟，是当时建筑技术大发展的例证。

吐虎鲁克麻扎

吐虎鲁克麻扎是成吉思汗七世孙吐虎鲁克帖木儿（又称秃忽鲁帖木儿）的墓（"麻扎"意为墓）。全称吐虎鲁克·铁木尔汗麻扎。2001年定为国家重点文物保护单位。位于中国新疆维吾尔自治区霍城县。建于14世纪中叶，在新疆早期的伊斯兰教建筑中具有重要影响。附近尚有规模较小的吐虎鲁克帖木儿的父亲和儿子的墓各一座。吐虎鲁克麻扎的墓祠平面呈长方形，正面宽10.8米，进深15.8米，全部用砖砌筑。

正中为一穹隆顶，祠内有暗梯可登临屋顶，总高约9.7米。墓祠造型简洁雄伟，同中亚各国伊斯兰教做法接近。正面入口做成尖拱式，除门楣和门边用阿拉伯文装饰外，其余壁面全部用紫、白、蓝色琉璃镶砌，琉璃面砖组成各种图案和花

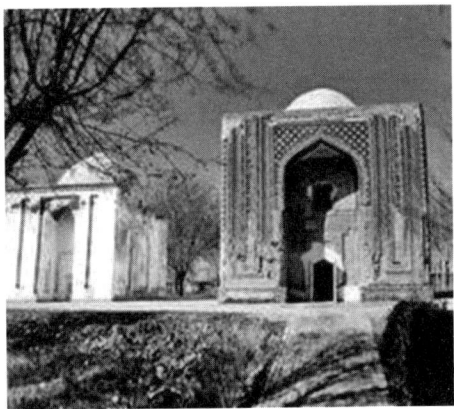

新疆霍城吐虎鲁克麻扎外观

纹，精致华美，有浓厚的新疆伊斯兰教艺术风格。

居庸关云台

居庸关云台是一座跨大道而建的过街塔座。上面原有三座喇嘛塔，建于元顺帝至正二年至五年（1342～1345）。位于北京南口居庸关关城中心。1961年定为全国重点文物保护单位。

主要设计人为南加惺机资喇嘛及其徒日亦恰朵儿，并有西藏萨迦派喇嘛参与其事。据文献记载，台座上三塔的形式同元大都城内的大圣寿万安寺塔（即妙应寺白塔）相似，均属于当时盛行的"噶当觉顿"式喇嘛塔，但体量较小。塔于元亡时被毁。明代称其座为云台，曾在台上建造殿阁，也早已无存。

云台全用白色大理石砌成，外观有明显收分，券洞可以通行车马，券顶为三折面的梯形拱，券面外廓做成半圆形，券面和券顶均遍施雕刻。南北两券面各雕六拏具，足部雕交叉金刚杵，为

北京居庸关云台

护法之意。券顶刻生身舍利，即正顶为五曼茶罗，斜顶为十方佛，其间遍布"千佛"。券壁刻法身舍利，即两壁四隅为护法四天王。正中刻有梵、藏、蒙、维吾尔、西夏、汉六种文字的《陀罗尼经咒》，以及《造塔功德记》和建造年号。据文献记载，这些雕刻原来全以金装鋈，现已不见金色。这些高浮雕，形态雄劲生动，是元代雕刻的优秀作品，六种文字同一内容的题刻是研究中国古代各民族文字的重要资料。

解州关帝庙

纪念三国时期蜀汉名将关羽的本庙。解州关帝庙位于山西省运城市盐湖区解州镇。是中国现存始建最早、规模最大、建制最高、保存最全的关帝庙宇，被誉为"关庙之祖""武庙之冠"，为全国重点文物保护单位。

◆ 建设背景

三国蜀汉景耀三年（260），后主刘禅追谥关羽为"壮缪"。北宋崇宁元年（1102），封"忠惠公"；大观二年（1108），封"武安王"；宣和五年（1123），封号加"义勇"。南宋建炎二年（1128），加封号"壮缪"；孝宗十四年（1187），加封号"英济"，为"壮缪义勇武安英济王"。元天历元年（1328），封为"显灵义勇武安英济王"。明洪武元年（1368），复其故封，为"汉前将军寿亭侯"；嘉靖十年（1531），订正其封号为"汉前将军汉寿亭侯"；万历十八年（1590），封"协天护国忠义帝"；万历四十二年（1614），封"三界伏魔大帝神威远震天尊关圣帝君"，此为关羽帝号之始。清顺治九年（1652）封关羽为"忠义神武关圣大帝"后，累代迭封，至光绪五年（1879）达到极致，为"忠义神武灵佑仁勇显佑护国保民精诚绥靖翊赞宣德关圣帝君"，共26字。

关庙的名称随着关羽神格的变化而变化：宋元时期兴建的多称"关王庙"，明后期才开始出现"关帝庙"这一称呼，清时普遍称关帝庙。因解州是关羽的故乡，解州庙是关公信仰的发源地之一，更是关公信仰的中心，故此庙又称解州关帝庙，简称解庙；因其与其余关帝庙之间的分香关系，也尊称关帝祖庙。

解州关帝庙属于祠庙建筑。此类建筑所祭祀的神可分为天神、地祇和人鬼三类，设木主或偶像；一座祠庙中一般仅有一位主神，其他神作为配祀；按照《礼记·祭法》的精神，满足"法施于民""以死勤事""以劳定国"，能"御大灾""捍大患"等条件的才能成为被祭祀的主神；祭祀活动则以崇德报功为主题，并通过神道设教的方法对主神所代表的核心价值观进行生产和传播。解州关帝庙即用来"表忠树义，扬烈报功"。

◆ **修建历史**

解州关帝庙始建于北宋真宗大中祥符七年（1014），后屡毁屡修。明清时期，其形制发展较大的有以下几次：明嘉靖二年（1523），庙制已有门墙、坊牌、献殿、正殿、寝宫、行廊等建筑，并创建钟鼓楼砖砌台基；嘉靖三十四年，河东大地震，庙摧圮殆尽，仅存圣像；之后，除重修者外，万历（1573～1620）年间，建麟经阁，建其两翼楼，廊七十四，增建东西门、钟鼓楼，并于春秋楼后覆土为山，规制获得较大发展；万历四十四年至天启元年（1616～1621），建"万代瞻仰"坊，并建庙前大坊、莲池并莲亭，形成结义园的雏形。清康熙二十二年至二十三年（1683～1684），重修启圣祠；康熙四十一年（1702），关帝庙遭火灾而毁坏严重；康熙五十二年，重修崇圣祠；雍正三年（1725），新建敕封关公三代祠；乾隆二十年至二十三年（1755～1758），移建乐楼至雉门内侧，雉门随之增高，于午门两侧增建牌坊，并疏浚庙前池塘、建君子亭；乾隆二十七年（1762），改八卦楼为御书楼，又改麟经阁前楼为刀楼、印楼两楼，同时，进一步完善庙前园林格局，并正式命名其为"结义园"；乾隆三十八年至四十二年（1773～1777），于结

义园内新建教忠堂、长廊及舟亭等建
筑，结义园格局发展完善；嘉庆十四
年（1809），增建正殿西钟亭、大门
外廊房 30 余间并照壁两旁花墙，至此，
解州关帝庙格局发展至顶峰。

此后，此庙屡遭地震、火灾及战
乱等天灾人祸，除"义壮乾坤"坊外，
御书楼以南的建筑经 1915 ~ 1920 年
的重修获得恢复；1923 ~ 1925 年，崇
宁殿、春秋楼、刀楼、印楼并廊房百
余间，东西官厅等处再度于战事中受
损，圣母殿、嗣圣殿损毁。

山西运城解州关帝庙石牌坊

山西运城解州关帝庙刀楼与印楼

◆ 建筑布局

整个建筑群原有 3 部分：关帝庙组

山西运城解州关帝庙御书楼

群、结义园组群和崇宁宫组群。关帝庙组群是主体，结义园是附属于关
帝庙的园林，崇宁宫是住持道士使用的道院，现仅存遗址。建筑形制方

面，关帝庙组群采用"前朝后寝"的宫室制度，同时又体现出了祠庙建筑自身的特点。整个组群中轴对称，各主要建筑均位于中轴线上；自雉门起至后宰门为止的主体部分采用周围回廊环绕的最高等级形式；正殿前列端门、雉门、午门等三重门，并于雉门两侧设文经门、武纬门，以附会"三朝五门、文东武西"的帝宫制度；正殿后面布置寝宫院，自前向后依次布置关夫人殿组群（已毁）和春秋楼组群；雉门南侧，通过钟鼓楼以及两侧的"威震华夏"坊、"义壮乾坤"坊（已毁）和"万代瞻仰"坊，加强东西方向的空间深度和表现力；整个组群的前端为端门及宫墙、影壁。除通过建筑形制体现关帝崇高神格外，还通过一系列牌坊、匾额等点出关帝所代表的核心价值观：忠、义、仁、勇。结义园位于关帝庙南侧，沿轴线自北向南布置"山雄水阔"坊、君子亭、"三分砥柱"坊及结义亭等建筑，并沿南、东、西三面设莲池，此组群主要用以表现关羽为平民身份时与刘备、张飞的结义情景，同时兼有增加关帝庙空间层次和供谒庙浏览之人休憩的功能。

关帝庙正殿前的端门

◆ **主要活动**

作为明清时期官方祭祀关羽的本庙，其主要功能是举行每年例行的官方主持的春秋二祭。由于关帝信仰的内涵较为丰富，此庙作为关帝信仰的中心，也常有信徒在此举行酬神还愿等各种信仰活动。

明清建筑

今天所见到的大多数中国古代建筑主要为明清时期建筑。明清的建筑较之于唐宋时代的建筑缺少创造力，趋向程式化和装饰化。但中国古代建筑的优秀经验仍体现在城市规划、宫室建筑和园林建筑之中。建筑的地方特色和多种民族风格在这个时期得到充分的发展。

◆ 明代建筑

明朝于 1368 年建立，定都南京。1421 年迁都北京后，在北方沿边塞设九镇，筑边防城堡，陆续完成了万里长城的修筑，并大部分保存至今。明代又一大患是沿海倭寇侵扰，因此又修建大量的海防卫所城，如山东蓬莱水城和宁波镇海卫城。

城市

明初定都南京，又建临濠（今安徽凤阳）为中都，两地均有大规模城垣、宫殿、陵墓等建设。明成祖迁都北京，对元大都略有改造，主要干道街衢水系不变。明代中叶以后在城南加筑外城。城市面貌基本保存至 20 世纪中叶。明北京宫殿则在元宫基址上重建，并建立完备的坛庙体制。明代地方重要城市常因封藩建王府，如西安、太原、成都、大同等，其城垣、宫殿、衙署均有定制。一般府县城普遍有包砌城砖的城垣。许多城市建高大城门楼，以钟鼓楼为城中心，面貌甚为整饬，如酒泉、太谷、聊城等。

建筑用材和建筑技术

明代官式建筑用料精良，结构严密，造型庄重，标准化水平甚高。

明十三陵中长陵祾恩殿采用高贵木料香楠，硕大挺拔，世罕其匹。地方建筑如现存明代祠堂、住宅，均能表现明代建筑特点，典雅稳重，做工讲究，雕刻和彩画细腻而雅净。苏南、浙东、皖南地区及山西襄汾都有明代的民居遗物。

明代砖石建筑数量大增。纯用砖筑者，称无梁殿，有的用作档案库，如皇史宬；更多地用于佛寺。最早的无梁殿是南京灵谷寺无梁殿。万历年间建造最多，如五台山显通寺、太原永祚寺、苏州开元寺等。明代琉璃制作技术提高，产量增加，著名的南京大报恩寺琉璃塔（已毁）为世所罕见。现存山西洪洞广胜上寺飞虹塔，重建于明代后期，表现出当时琉璃制作技术的高度水平。明代的铜铸殿是一项特殊工艺，最早的作品是武当山金殿。万历（1573～1620）年间铸造的五台山显通寺、峨眉山金顶和句容宝华山隆昌寺诸金殿，以及稍后云南昆明、宾川的金殿都是著名例子。清代在热河避暑山庄和北京颐和园造铜亭，乃成绝响。明代出现印度式石造的金刚宝座塔，此类石塔在清代颇盛。

园林

明代江南生产发达，地主富商云集，士大夫喜好楼阁亭榭、名花嘉木，营园之风甚盛，园林遗存颇多。明末出现造园专著《园冶》和《长物志》等，阐发此中旨趣和手法。

家具、木工

明代家具造型优美，雕饰适度。高级者选用紫檀、花梨等贵重材料，其技法迄今仍作典范，是中国古代家具发展的顶峰。明代木工用书《鲁班经》记录当时民间匠师的业务必备知识和中国古代民间常用建筑、家具和器物的形制、尺度、用料等。

◆ 清代建筑

清朝于 1644 年入关，继承明代都城宫殿。在有旗兵驻防的城市划出"满城"区，如北京以内城为满城，杭州以上城为满城。

宫廷建筑

是明官式建筑的继续，技术上趋于拘谨保守，这可以从雍正时颁行的清工部《工程做法则例》中看出。清初在河北的遵化和易县分辟东西两陵区，陵制仿明代而有自己特点，形制统一，帝、后、妃等级分明。清代建筑的盛期是乾隆时期。京城改建各坛庙，其中天坛一组非常成功。又仿宁波天一阁，在宫内、圆明园、避暑山庄，以及沈阳、镇江、扬州、杭州建文渊阁等藏书楼，以储存四库全书。北京故宫内供太上皇居住的宁寿宫一组建筑，华美精致，是乾隆时期代表作。

北京故宫宁寿宫花园

宫苑

清代最主要的建筑活动是营造宫苑，最盛也在乾隆时期。清代除改建北京皇城内北海、中海、南海之外，并完成了所谓"三山五园"——圆明园、畅春园、香山静宜园、玉泉山静明园、瓮山清漪园。五园以圆明园最重要，皇帝常住此处理政务。全园分为若干景区，各异其趣。园东北一隅仿照欧洲建筑风格。自雍正至咸丰百余年经营，倾全国之力，输送各省精美工艺珍宝于此园。惜百年精华于 1860 年毁于英法联军侵略者之手。清末重修清漪园，更名颐和园，初具规模而已。热河避暑山庄创自康熙时，在此设行宫，作为狩猎基地和处理政务之处。后扩大为接待蒙古、新疆、西藏上层领袖的场所，为此在山庄附近仿建西藏、新疆庙宇，极其豪华壮丽。这组寺庙群是民族团结政策的产物，也是清代宫苑建筑精华所在。

少数民族地区建筑

清代是多民族的统一国家，各少数民族建筑有不同程度发展。藏族大建筑如拉萨的布达拉宫、甘丹寺、色拉寺、哲蚌寺，日喀则扎什伦布寺、夏河拉卜楞寺，湟中塔尔寺，大抵建于清代，规模宏大，庄严富丽。蒙古族喇嘛庙曰"召"，以汉式为主，掺以藏式，为汉藏混合风格，如呼和浩特的席力图召和五当召。新疆维吾尔族伊斯兰教建筑基本上为中亚样式，如喀什阿巴和卓麻扎、吐鲁番额敏塔礼拜寺。云南傣族崇信小乘佛教，村寨普建塔庙，德宏地区受汉族影响稍大，如潞西凤平大寺；西双版纳地区佛寺形式则同泰国、老挝的建筑接近，如宣慰街大寺和勐龙大寺等。

其他建筑

清代各地住宅园林有很大的发展。北京恭王府是北方贵族府第园林的代表。南方园林以乾隆、嘉庆时为极盛，扬州、苏州、杭州一带比较集中。太平天国战争之后，唯有苏州园林修复较多，如拙政园、留园都是那时修复的。杭州胡庆余堂国药号和住宅为清末商人住宅园林的代表。

明南京城与南京宫殿

南京是明代初年的都城。1421年明王朝迁都北京，明北京城的许多方面就是以明南京城为蓝本建造的。

南京历史上多次建都。三国吴建都于此时，称建业；东晋和南朝的宋、齐、梁、陈建都于此时，称建康。隋灭陈后被毁。唐时建昇州，南唐以昇州为都城，称江宁府。昇州比六朝的建康城偏南，包进了秦淮河、石头城。宋、元基本上沿南唐城旧规。明建都时，保留元的旧城区为居民、商业区，另在旧城外东侧富贵山南填燕雀湖新建皇城和宫城、衙署，然后东临钟山麓，北沿玄武湖南岸、西岸，西循狮子山、马鞍山、清凉山西侧，南抵旧城南城一线，用21年时间筑成了一条全长34.3千米的砖城墙，把建康城、石头城、南唐江宁城旧址和富贵山、覆舟山、鸡笼山、狮子山、清凉山等都包在城内。

江苏南京明城墙

南京城的规划突破方整对称的传统都城形制，根据地理条件和当时的实际需要，基本保留和利用旧城，增辟新区。城内东为皇城，中为居民市肆区，西北为驻军区，各区互不干扰。城市的形式及道路系统呈不规则形状。明初南京城的居民人数，据洪武二十四年（1391）统计为

47 万。城内外驻军 42 个卫，约 20 万人。

宫城位于钟山西南，宫后以富贵山作为大内镇山。宫前御道两侧是各部及五军都督府等中央机关的官署。御道南出正阳门，门外东有天地坛，西有山川坛，是皇帝郊祀的地方。

城市居民市肆区集中在旧城，其中有大片新建的第宅，如徐达宅（在大功坊，今瞻园路）、常遇春宅（在常府街，今杨公井东）、汤和宅（在城南信府街）等，还有各种手工业作坊和商店。市区主要街道两旁是店铺和买卖货物的"官廊"，还有几十处大小市场。在特定地点，由官府建酒楼和供出租的"官廊"，对实现规划所规定的商业区有引导和促进作用，这也影响到了明代的北京城。旧城北面鸡笼山以南有全国最高学府国子监。国子监北面是祠庙区。再北，在鸡笼山顶设有观象台。在鸡笼山西侧的黄泥冈上建有钟鼓楼，为报时之所。城西北部比较荒凉，主要供各卫驻军之用。

城市对外交通主要依靠水运。城西北沿江一带（今下关和三汊河）是交通和对外贸易的枢纽，设有龙江关、龙江市和接待外国商人的龙江驿。经长江而来的物资由三汊河溯秦淮而上，集中于西南部清凉、石城、三山、聚宝四门，所以这一带建有许多仓库、酒楼和客店。招待外国使臣的会同馆和乌蛮驿，则在通济门内靠近文武官署的地段。

朱元璋的陵墓——孝陵，建于钟山南麓独龙阜，陵区包括钟山南麓的大片地区。陵前设卫，驻军护陵。徐达、常遇春等十二开国功臣墓依孝陵散建在钟山西麓。孝陵东、北两面大片土地是牧马区。

武当山金殿

中国古代铜铸鎏金宫观建筑。又称金顶。位于湖北省丹江口市道教圣地武当山主峰天柱峰的顶端，始建于明永乐十四年（1416）。1961年定为全国重点文物保护单位。1994年武当山古建筑群列入《世界遗产名录》。

金殿下为花岗岩石高台基，四周绕以精美的汉白玉石栏杆。殿通体以铜冶铸，表面鎏金。各构件以榫接或焊接，互相搭联成为整体。其结构形制、细部构件和装饰纹样都严格地模仿木构建筑，外观庄严凝重。殿身共有柱12根，重檐庑殿顶，总高5.5米，面积24.36平方米。金殿上下檐均设规整的斗栱和檐椽、飞椽，内部有藻井。在柱头、枋额和天花等部位上镌刻的花纹，图案均模仿木构建筑中的彩绘和雕饰，线条流畅。殿顶的正吻、垂兽、戗兽、小走兽以及勾头、滴水等雕饰部件的工艺水平，比木构建筑中的琉璃作更为精细生动。

湖北丹江口武当山金殿

经略台真武阁

中国古代道教宫观建筑。1982年定为全国重点文物保护单位。位于广西壮族自治区玉林市容县县城东门外，前临绣江，面对南山。相传

中唐诗人元结任容管经略
使时，在此建台，作为操练
甲兵和观赏风景之用，因
称经略台。现经略台高约 4
米。真武阁在台中央偏北，
建成于明万历元年（1573）。

真武阁为木结构建筑。

广西容县经略台真武阁

三层三檐，歇山顶。出檐深远，造型独特。通高 13.2 米，面宽 13.8 米，
进深 11.2 米。全阁的构件用近 3000 条大小不等的格木构成，以杠杆原
理，串联成相互制约的整体结构。全阁不用一件铁活。二层楼有 4 根
内柱，承受上层楼板、梁架、配柱和屋瓦、脊饰等全部荷载。而柱脚却
悬而不落，离楼板 5 ～ 25 毫米，成为这一建筑最大的结构特点。关于
真武阁的悬柱，有两种看法：一种认为是有意的创作，一种认为是无意
的巧合，是长期以来建筑构件变形的结果。400 多年来，此阁经受多次
风暴袭击和地震摇撼，始终巍然屹立。

故　宫

故宫是中国现存规模最大、保存最完好的古建筑群。位于明清北京
城内中部，自明永乐十九年（1421）至清末（1911），是明清两个朝代
的皇宫。古代皇宫是禁地，又有紫微垣为天帝所居的神话，故称宫城为
紫禁城。1925 年在此建故宫博物院后，通称故宫。1961 年定为全国重
点文物保护单位。1987 年列入《世界遗产名录》。

紫禁城所在位置是元大都宫殿的前部。明太祖时拆毁元宫。明成祖朱棣登位后，于永乐四年（1406）决定筹建北京宫殿。永乐五年开始征调工匠预制构件，永乐十五年正式开工，十八年建成宫殿、坛庙，十九年自南京迁都北京。主持筹建的匠师有蔡信、陆祥、杨青等。正式开工后，工程由蒯祥主持。

◆ 布局

紫禁城采取严格对称的院落式布局，按使用功能分区，依用途和重要程度有等差、有节奏地安排建筑群的体量和空间形式，代表中国古代建筑组群布局的最高水平。

宫城

紫禁城城墙高10米，南北长961米，东西宽753米，外有宽52米的护城河。城每面开一门，四

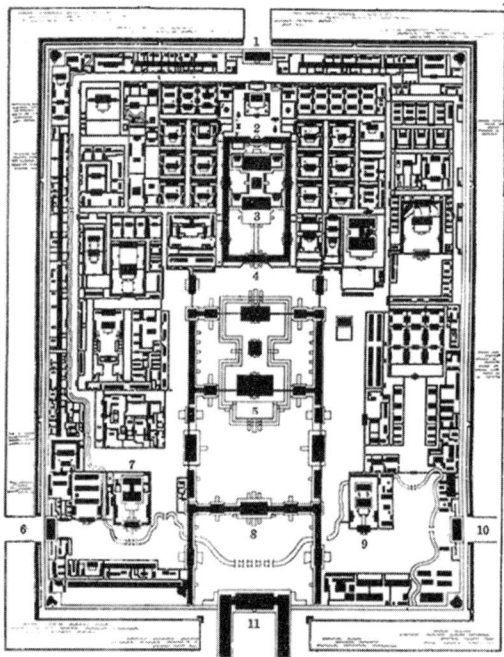

1 神武门　2 御花园　3 乾清宫　4 乾清门
5 太和殿　6 西华门　7 武英殿　8 太和门
9 文华殿　10 东华门　11 午门
紫禁城宫殿平面图

角建角楼。南面正门称午门，建在凹字形墩台上，正面下开三门洞，两翼突出部近内转角处各开一门洞。台上正中建重檐庑殿顶的门楼。左右转角和两翼南端各建一重檐攒尖顶方亭，其间连以宽阔的廊庑。午门前突出二亭是由古代宫门前建阙的制度演变来的，也是这种制度的唯一遗

例。紫禁城东门和西门分别称东华门和西华门，北门称玄武门，清代改称神武门，上面都建重檐庑殿顶门楼。

紫禁城内有一条南北中轴线，自午门至玄武门，同北京城中轴线重合。建筑按使用性质分外朝、内廷两区，按中轴对称地布置若干大小院落。

紫禁城鸟瞰

外朝

外朝在前部，是颁布大政、举行集会和仪式以及办事的行政区，主要由中轴线上的前三殿及其东西侧对称布置的文华殿、武英殿三组建筑群组成。在其东南、西南还有内阁公署、国史馆等。

前三殿在午门内，由门、廊庑、配楼、角库围成矩形大院落，南面开有三门，正门是面阔九间重檐歇山顶的太和门，与午门之间形成一横长矩形广场，东西两面有通文华、武英二殿和东华门、西华门的熙和、协和二门。广场内有内金水河横过，同自天安门至午门的纵长广场形成对比。太和门内殿庭中建"工"字形的台基，和前面高三层的月台共同形成一个"土"字形石台基座，周以汉白玉石栏。台上自南而北依次建太和、中和、保和三殿。太和殿面阔 11 间，殿内面积 2370 多平方米，重檐庑殿屋顶，前有宽阔月台，下临广大殿庭，供元旦、冬至大朝会和其他大典使用，是外朝主殿，也是全国现存最大的古建筑。中和殿在工字台基的中部，为面阔五间单檐攒尖顶方殿，供在太和殿行礼时皇帝休息之用。保和殿面阔 9 间，重檐歇山顶，是举行殿试和宴会外宾之处。

太和殿前面两侧有体仁、弘义二阁，是面阔9间加腰檐的二层庑殿顶楼阁。前三殿一组占地面积达8.5万平方米，是现存最大的殿庭。

北京故宫太和殿

文华殿、武英殿两组建筑物都是由门、配殿、廊庑组成的矩形院落，内建面阔5间单檐歇山顶的前殿和后殿，其中武英殿是工字殿。文华殿是皇帝听大臣讲书的地方，武英殿是皇帝斋居和召见大臣之所在。

内廷

前三殿后为内廷主要部分，包括后三宫、东西六宫、乾东西5所。在前三殿和内廷之间有一东西横长的广场。广场东西是景运门、隆宗门两座侧门，北面为通入内廷的乾清门和内左门、内右门。内廷是皇帝及其家庭成员的居住区，主要部分分三路。中路即中轴线上的后三宫。正门是面阔5间单檐歇山顶的乾清门，它连接东、西、北三面的门、庑，围成纵长院落。殿庭正中也建"土"字形石台基座，前端凸出月台，以后依次建乾清、交泰殿和坤宁宫。乾清宫和坤宁宫均面阔9间，重檐庑殿顶，是内廷的正殿、正寝，帝、后正式的起居场所。交泰殿为面阔3间单檐攒尖顶的方殿。坤宁宫后的坤宁门通御花园。后三宫一组形制和前三殿基本相同，但占地面积只有后者的四分之一。后三宫东西两侧各有两条南北向巷道。每巷自南至北各建三宫，东西各六宫，宫间隔以东西向巷道。每座宫都是一独立单元，外围高墙，正面建琉璃砖门；门内前为殿，后为室，各有配殿；后室两侧有耳房，形成二进院落。东西六宫是妃嫔的住所，其东西外侧原尚有内库房。东西六宫之北，隔一东西向巷道，各建 5 所并排的院落，每院内各建前后三重殿堂，各有厢房，形成三进院落，是皇子住所。东西六宫和乾东、西五所规整对称地布置于后三宫左右，即为内廷的东西路。

北京故宫养心殿内景

东六宫之南有弘孝殿、神霄殿二殿，西六宫之南有养心殿，遥相对应。

乾清门东侧景运门外有奉先殿，前后二殿均 9 间，是宫内的太庙。其东有南北巷道，道东有外东裕库和哕鸾宫、喈凤宫等，是前朝妃嫔养老处。乾清门西侧隆宗门外有慈宁宫等，是皇太后住地。内廷后三宫以北是占地 1.12 万平方米的御花园。园内亭榭对称布置，正中为供真武大帝的钦安殿。前三殿、后三宫在明代屡遭烧毁。现中和殿、保和殿是明万历四十三年（1615）工匠冯巧主持重建，又经明天启五至七年（1625 ～ 1627）大修，殿中童柱上尚有明人墨书"中极殿""建极殿"的明代殿名。

◆ 改建

明代太和殿面阔 9 间，进深 5 间，合"九五之数"；四周有一圈深半间的回廊。清康熙初期先由冯巧弟子梁九把山墙推到山面下檐柱，使建筑外观呈 11 间状，后又经康熙三十四年（1695）重建。清代接受明代教训，把太和、保和二殿两侧的斜廊改为砖墙，又在东西庑加砖砌防火隔墙，防止火势沿廊庑蔓延。

清代较重要的改建和增建有：外朝有文华殿后建贮《四库全书》的文渊阁，在仁智殿处建内务府等；内廷在东路改弘孝、神霄二殿为斋宫、毓庆宫，西路改乾西二所为重华宫、漱芳斋，拆乾西四、五所建造建福宫和花园，建雨花阁和内右门前军机处值房；改奉先殿为皇帝家庙，在东华门内建南三所等。清末慈禧太后又把西路长春、储秀二宫连成四进庭院。清代最重要的增建是乾隆三十七年（1772）在东侧原哕鸾宫一带建供乾隆退位做太上皇时住的宁寿宫。宁寿宫四面高墙环绕，自为一区。宫中分前后两部，中隔横街，如外朝、内廷的区分。前部为宁寿门、皇极殿、宁寿宫一组，全仿乾清门、乾清宫和坤宁宫的形制，仅占地稍小。后部分三路。中路是养性门、养性殿、乐寿堂一组，前后五重。养性殿全仿养心殿形制，乐寿堂外观一层，内部二层，装修豪华。西路俗称乾隆花园，景物繁密，略具江南风格，唯布局稍促。东路前为戏楼畅音阁和观戏殿阅是楼，后有五重殿宇。宁寿宫是清乾隆盛期宫殿的代表作，室内装修富丽。

◆ 建筑艺术成就

故宫的基本布局是明代的，现存明代建筑尚有百余座。除中和殿与保和殿外，钦安殿、南薰殿、咸若馆、神武门、角楼都是明代建筑，东西六宫主要部分是明代建筑，唯装修经过清代改动。

故宫的总体设计多比附古制，如在午门前建端门、天安门、大明门（即中华门，已拆除），使太和殿前有五重门以象征"五门"之制，以前三殿象征"三朝"之制等。

《清宫史续编》又称内廷部分的乾清、坤宁二宫象征天地，以乾清宫东西庑日精门、月华门象征日月，以东西六宫象征十二辰，以乾东、西五所象征天干等。可见宫殿建筑，除具体的使用功能外，更重要的是以建筑形象表现封建皇权的至高无上的地位。

在建筑群组布置上，紫禁城强调中轴线，在中轴线上布置外朝、内廷最主要的建筑前三殿和后三宫。其余东西六宫、乾东西五所对称布置在左右，拱卫中轴线上建筑。同时，也利用院落的大小、殿庭的广狭来区分主次。前三殿是全宫最大建筑群，占地面积为宫城的12%，后三宫面积为前三殿的1/4。其余宫殿，包括太上皇、皇太后的宫殿，又小于后三宫，以突出前三殿、后三宫的主要地位。

在建筑形体上，主要是通过间数多少和屋顶形式来区分主次，间数以十一间为最，屋顶等级依次为庑殿、歇山、悬山、硬山，最重要者加重檐。宫中最重要的正门午门、正殿太和殿和乾清宫、坤宁宫等都用重檐庑殿顶，间数为11间或9间，属最高等级，其他群组依次递降。同一群组中，配殿、殿门比正殿降一等。通过这些手法，把宫中大量的院落组成一个轴线突出、主从分明、统一和谐的整体，把君臣、父子、夫妇等封建伦常关系通过建筑空间形象体现出来。大小、规模不同的院落和建筑外形的差异又造成多种多样的空间形式，使其在总体的统一和谐中又富于变化。紫禁城宫殿是能典型体现中国古代建筑中院落式布局的特点和艺术表现力的例子。

沈阳故宫

沈阳故宫是中国清代努尔哈赤和皇太极两朝的宫殿。1926 年在皇宫建筑群的基础上建立了东三省博物馆。今称沈阳故宫博物院。2004 年，沈阳故宫作为明清皇宫文化遗产扩展项目列入《世界遗产名录》。

位于辽宁省沈阳市，居沈阳旧城的中心。努尔哈赤于 1616 年建后金国，定都新宾。天命六年（1621）迁都辽阳。天命十年又自辽阳（东京）迁都沈阳，开始营建宫殿。崇德元年（1636）改国号为清。清入关定都北京以后，这里成了留都宫殿。康熙初，沈阳设奉天府，故又有奉天宫殿之称。康熙、乾隆两朝进行了改建和增建。沈阳故宫占地约为 6 万多平方米。整个布局分三路。

中路最宽最长，前有东西向大街，街上设文德、武功两牌坊，街南有左右对称的奏乐亭和朝房、司房等建筑，围成一个小广场。大清门临街，门内中轴线上依次为崇政殿、凤凰楼和清宁宫，连同配楼、配阁、配斋、配宫等组成三座院落，是整个建筑群的中心。中路主要建筑如大清门、崇政殿、清宁宫以及两坊两亭等建成于天聪至崇德初年，主持工程的匠师是刘光先。凤凰楼建于康熙（1662～1722）年间，其他飞龙、翔凤二阁，日华、霞绮二楼，师善、协中二斋都是乾隆（1736～1795）

辽宁沈阳故宫凤凰楼

年间增建的。中路左右各有一跨院，称东宫、西宫。东宫内有颐和殿、介祉宫和敬典阁等，西宫内有迪光殿、保极宫、继思斋和崇谟阁等，都是乾隆十一年（1746）增建的。大清门之东另有一座高台，上为太庙，是乾隆四十三年从他处移来再建的。

东路为一狭长的大院，院内的大政殿原名笃恭殿，居北部正中，为重檐八角攒尖顶，是努尔哈赤时期将东京城的八角殿（亭）移来再建的。大政殿前两侧排列 10 座歇山顶小殿，称"十王亭"，最北两座为左右翼王亭，其余 8 座按八旗方位依次排定，是八旗制度在宫殿建筑上的体现。十王亭呈梯形排列，增强了大政殿广场的透视感。

西路文溯阁建于乾隆四十六年，庋藏《四库全书》和《古今图书集成》。阁前为嘉荫堂，阁后为仰熙斋，分别是皇帝看戏和读书的地方。

沈阳故宫的早期建筑风格浑朴粗犷，除大政殿外，大清门、崇政殿、清宁宫等均为硬山顶，不用斗栱，主次建筑之间的等级差别不大。建筑色彩则凝重强烈，屋顶多用剪边琉璃和花脊花兽，山墙墀头也都用彩色琉璃。建筑布局和细部装饰保持着民族特色和地方特色，建筑艺术上体现了汉、满、藏族的交流和融合。

北京太庙

历史上唯一保存下来的太庙建筑。是明清两朝代祭祀本朝已故皇帝的地方。位于中国北京市天安门至午门间大道的东侧，始建于明永乐十八年（1420），明嘉靖二十四年（1545）重建成现在的面貌。1950

年改为北京市劳动人民文化宫。

太庙有二重围墙，平面呈南北长矩形。外围墙东西 205 米，南北 269 米。墙外满布柏树，气氛宁静肃穆。南面并列三座琉璃门，门内有金水河通过，跨河有七座单孔石桥。金水河北为太庙主体建筑，有内围墙环绕。它的南门称戟门，以门外原列戟 120 杆作为仪仗而得名。戟门的屋顶曲线平缓，出檐较多，与一般清代建筑相比，具有明显的明代特点。戟门内在中轴线上布置前殿、中殿、后殿三座大殿，前殿和中殿建在一个三层的土字形汉白玉石台基座上。前殿是皇帝祭祀时行礼的地方，原为 9 间，后改为 11 间，黄琉璃瓦重檐庑殿顶。殿前有月台和宽广的庭院，东西两侧各建配殿 15 间，分别配飨有功的皇族和功臣。中殿供奉历代帝后神位，面阔 9 间，是黄琉璃瓦单檐庑殿顶。中殿东西两

北京太庙

侧各建配殿 5 间，用以储存祭器。后殿供奉世代久远而从中殿迁出的帝后神位，面阔 9 间，黄琉璃瓦庑殿顶，形式和中殿基本相同。

中殿和后殿之间有墙相隔。在太庙总体设计中，以大面积林木包围主建筑群，并在较短的距离安排多重门、殿、桥、河来增加入口部分的深度感，以造成肃穆、深邃的气氛。大殿体积巨大，坐于三层台基之上，庭院广阔，周围用廊庑环绕，以取得雄伟气氛。此外，大殿内檐彩绘以香黄色为底色，配简单的旋子图案，加强了建筑物的庄重严肃气氛。

天安门

天安门是中国明清两代皇城的正门。位于北京市区中心。始建于明永乐十五年（1417），名承天门，寓有"承天启运"和"受命于天"之意。清顺治八年（1651）重修，改称天安门。

天安门是皇城的重要建筑，属于高等级的建筑体制。康熙二十七年（1688）、1952年的两次大规模修缮和1970年的重修，基本保持了顺治时改建的形制。2000余平方米的城台是用停泥城砖以一顺一丁（又称满丁满条）的砌法铺成，高大的红色城墙上开有5个拱形门。城台上，耸立着木结构建筑的城楼。在城台的中间垒砌须弥座，并环以白石勾栏作为建筑的台基。柱网设计是按《易经》中"九五之尊"的说法布置，面宽9间，进深5间。装修均为棂花格扇，前后廊的檐柱上安装雕刻精美的雀替，既是额枋间的联系和承托构件，又有装饰功能。屋顶采用重檐歇山式的建筑形制，由于歇山顶有1条正脊、4条垂脊和4条戗脊，宋代称九脊殿。其结构为悬山与庑殿组合而成。红墙、朱柱、黄琉璃瓦顶的鲜明色彩和雄伟的造型，呈现庄严、壮丽的景象，使天安门成为一

北京天安门城楼

座具有完美艺术风格的建筑。前后各立华表1对，门前有金水河，跨河有汉白玉石桥5座，桥前为天安门广场。

1949年以后，天安门经过多次修葺，并改建了天安门广场。1970年重修后的天安门比原来的天安门高了83厘米，通高34.7米。

天安门已成为中国的象征。它庄严肃穆的图形是中华人民共和国国徽的重要组成部分。五四运动、一二·九爱国学生运动以及中华人民共和国成立的开国大典，都与天安门的名字联系在一起。天安门和天安门广场已成为中国人民进行政治活动的中心。

席力图召

中国内蒙古自治区的喇嘛寺院，汉名延寿寺。席力图为创寺喇嘛之名，"召"为蒙古语寺庙音译。1982年定为全国重点文物保护单位。

位于呼和浩特旧城石头巷，始建于明万历（1573～1620）年间，清康熙三十五年（1696）扩建完工。清康熙皇帝出征噶尔丹时经此，曾赠以经卷、弓矢、念珠。康熙四十二年（1703）在寺立纪功碑。布局采用汉式佛寺院落式，主

内蒙古呼和浩特席力图召寺庙

建筑为藏式，是明清以来呼和浩特著名喇嘛寺之一。

席力图召内建筑依纵向中轴线对称排列，山门前有牌坊，山门内左右有钟鼓楼和东西庑殿，正中为菩提殿。殿北分三路建筑：中路建主殿大经堂，后为佛楼；东路和西路均前为佛殿，后为活佛和喇嘛住宅；东

路前有塔院。全寺布局与汉族地区一般大型佛寺基本相同。

最富有蒙古族喇嘛教建筑特征的是大经堂，分为柱廊、经堂、大佛殿三部分。柱廊面阔 7 间，凸出于经堂之前，用曲角方柱、大雀替和平屋檐。上层檐上加铜法轮和双鹿，左右有平顶檐墙，镶彩色琉璃。廊后为经堂，面阔、进深各九间，用满堂柱 64 根，上承平顶。柱为方形，外包黄地织蓝龙毛毡，配以红色顶棚和青绿色壁画，与前廊都属典型西藏风格。经堂中央 3 间，在平顶以上开侧窗，上覆歇山顶，形如天窗。经堂后原接大佛殿，已同后面的九间佛楼一起焚毁。这种满堂柱、平屋顶、中间有高起采光窗的做法，是内蒙古、甘肃喇嘛教经堂的通用建筑手法；上面再加汉式小屋顶，就成为汉藏建筑融合的产物。

塔院内建有白石雕砌的喇嘛塔，高约 15 米，雕饰华丽，用彩色勾勒纹饰和"六字真言"，伞盖下加耳形垂饰，在内蒙古地区喇嘛塔中是独具风格的。

五当召

五当召是内蒙古地区供喇嘛学习经典的寺庙。汉名广觉寺。

位于内蒙古自治区包头市东北大青山南麓五当沟内，清康熙（1662～1722）年间建造，乾隆十四年（1749）重修。建筑纯用藏式，在山谷内随地形建造佛殿和喇嘛住宅，与一般喇嘛寺的规整布局全然不同。佛殿高大而有赭红墙檐，上加幡轮，住宅则无，高低错落于山谷间。外墙刷白，洞科尔殿刷黄色，颇为醒目，是一组优美的建筑群。

五当召占地 300 余亩（亩为中国市制土地面积单位，1 亩等于 666.67

平方米），房屋 2500 余间，有 6 组大殿、3 座活佛府、1 座陵和大量喇嘛住宅。切林殿用于讲授佛教教义，东克尔殿用于讲授天文地理，阿鬼殿用于讲授医学，莫伦殿用于讲授喇嘛教历史及教义。各殿形制大体近似，外观两层，砌侧脚很大的厚墙，上部加藏式梯形窗和赭红色墙檐。平面布置前为柱廊，后接方形满堂柱的经堂。经堂顶部建一圈楼，中为平顶，但有一部分凸起，开天窗为经堂中部采光。经堂后接佛殿，高 3 或 4 层。乔克沁殿规模最大，前廊 5 间，经堂面阔和进深各 9 间，中间 3 间见方凸起开天窗；殿高 4 层，是全寺集会诵经之处。喇嘛住宅也是藏式平顶两层楼房，面阔 5 至 7 间，大门在南面，室内绕墙建窄炕。

阿巴和卓麻扎

阿巴和卓麻扎是伊斯兰教白山派首领阿巴和卓（又译为阿帕克和加）及其家族的墓地（维吾尔语"麻扎"的意思是墓）。

位于中国新疆维吾尔自治区喀什市东北郊。始建于 17 世纪中叶。传说墓地中葬有清朝乾隆皇帝的香妃，故又称香妃墓。是新疆现存伊斯兰建筑中规模最大的综合建筑群。建筑群包括阿巴和卓墓祠 1 座，礼拜寺 4 座，教经堂 1 座，以及阿訇住宅、厨房、浴室等。墓祠东侧和北侧有数以千计的伊斯兰教民墓群。

墓祠为墓区最主要的建筑。墓祠四隅置圆形塔状邦克楼，内有楼梯可达顶部。中间为大穹隆顶，下为墓室。中部穹隆顶直径约 16 米，顶高 24 米，是新疆最大的，其结构是以墓祠四面厚墙支承，起半圆形拱券，穹隆顶上置亭状建筑。墓祠外部墙面每间做成尖拱形，在白色墙面上部有木棂条花窗，墙面外框和邦克楼都镶砌绿色琉璃砖。建筑造型简练宏伟，有浓厚的伊斯兰建筑特色。内部粉刷洁白，呈现肃穆气氛。墓祠西北侧的绿顶礼拜寺，外殿是平顶式敞廊，内殿是覆盖绿色琉璃的穹隆顶建筑。穹隆顶直径 11.6 米，高 16 米，殿内有四层壁龛。这种内外殿结构是新疆地区伊斯兰建筑的传统形制。墓区西端与墓祠相对的为大礼拜寺，建于 19 世纪，周边围墙环绕。寺正面 15 间，敞廊式外殿，廊柱林立，全为红褐色，极为壮观。后部是

新疆喀什阿巴和卓麻扎墓祠

一排低矮的穹隆顶，色调幽暗，与外殿形成强烈对比。

建筑群南部有一座高礼拜寺和一座低礼拜寺，俗称高低礼拜寺。高礼拜寺颇为华丽，建筑在一个高台上，外殿的木柱柱身和柱头满布雕饰，梁枋上饰有彩画。东北角和西南角的两座邦克楼用砖砌成各种图案花纹。低礼拜寺和教经堂淳朴古拙，内外雕饰很少。

胡庆余堂

中国国药店建筑。位于浙江省杭州市。清同治十三年（1874）由商贾胡雪岩开始筹建，光绪四年（1878）建成。是与北京同仁堂并称的国药号。店房建筑既结合药店的需要，又带有江南住宅、园林的特色，具有典型的晚清民间建筑风格，1988 年定为全国重点文物保护单位。

胡庆余堂为砖木结构的市坊建筑，占地面积5000余平方米。总平面的周边不规则，分对外营业、配药、制药工场和辅助建筑等部分。现存门厅、主轴和偏院3部分，分隔为

浙江杭州胡庆余堂

11个封闭式院落，院落间用高大的封火墙包隔。门厅临街坐西朝东，而主轴为南北向，用廊子将门厅同主轴联系起来，廊外的天井点缀假山和花木。主轴有前后两进院落，前为营业部，后为三合院式布局的经理室和账房室。前进院子前端有大型砖雕门楼，是营业大厅的入口，两侧各有侧厢3间。正北为大厅，后带院子和侧厢，形成"H"形平面。大厅明间作为穿堂来贯通后院至后进院子。次间和前后侧厢为门市出售药品场所。主轴西侧为面阔五间的四合院式的院落。院落前厅是会客室，两侧是客房，后厅是货房。主轴与偏院有一条长通道，俗称长生弄。建筑中，凡是对外营业部分都是装饰的重点，精美华丽。作为生产、储藏之用的部分但求牢固，不加雕饰。

第2篇
外国古建筑篇

古代西亚建筑

古代西亚建筑包括在古代西亚经历的石器时代、铜石并用时代、青铜时代、早王朝时代、阿卡德帝国、新苏美尔时期、古巴比伦与古亚述时期、中亚述时期、新亚述帝国、新巴比伦时代和波斯时代中出现的建筑。"西亚"指亚洲西北部地区，其地理范围涉及小亚细亚、叙利亚，以及幼发拉底河与底格里斯河流域（即两河流域，又称"美索不达米亚"，意为河中间的土地）。

◆ 特征

两河流域的上游为山区，隶属小亚细亚；其中下游为平川地带，南部古称巴比伦，北部古称亚述；巴比伦的南部为阿卡德，北部为苏美尔。古代西亚的文明大体上由南向北逐渐产生。自公元前7万年西亚地区出现了可考证的人类居住开始，至公元前330年波斯帝国灭亡并步入亚历山大大帝开启的"希腊化"时期。

古代西亚建筑大多建造在缺乏石材与木材的环境中，因此多以当地最易获取的材料——黏土及其衍生物（日晒砖、窑砖、釉砖等）为主要建材。土地特有的黏土性质令西亚人在掌握工具前就能建造出简单的庇护所。苏美尔时期的乌鲁克是世界上最早的城市之一，其人口在公元前3000年就达到了5万人；古代西亚在公元前3500年就有了学校建筑（领先古埃及1000年）；世界上已知最早的图书馆也在两河流域（早于亚历山大图书馆400年）；古代西亚在公元前2000年时就有了方格网状规划的城市（早于希腊1000多年）；巴比伦和亚述时期的西亚还涌现出不少规模远超欧洲中世纪时期城市的大都会；古代西亚人发明的拱券技术是罗马拱券技术的主要来源；古代西亚建筑中以彩色琉璃砖为主的饰面技术，也深深影响了伊斯兰建筑和拜占廷建筑。

古代西亚的建筑与文明在历史中经历了漫长的遗忘与磨灭——泥砖建筑缺乏耐久性，古代西亚人会将老建筑夷平后在原址建造新建筑，自然条件恶劣及周而复始的战乱等是造成这一局面的主要因素。人们对古代西亚文明的再发现始于19世纪40年代开启的考古发掘活动，以及随后对楔形文字的释读工作。不断被发掘的古代西亚城市遗址及其神庙、塔庙、宫殿等建筑遗址，传递出那个时代的宏大与辉煌。

◆ 发展

古代西亚建筑随着古代西亚各个历史阶段而发展。

石器时代（约1万年前）

石器时代是有据可考的人类在西亚居住的最早时期，在这一阶段，人类经历了从以采集食物为基础的高度流动性生活向以生产食物为基础的定居性乡村生活的过渡。石头是制作工具的主要材料，这一时期的人们制造了最早的一批陶器与砖块，并出现了避身洞穴的替代物——建筑。该时期重要的建筑遗址主要有位于伊拉克北部旧石器时代的沙尼达洞穴及新石器时代的加尔莫等。

铜石并用时代（公元前 5800～前 3750 年）

铜石并用时代是石器时代向铜和青铜时代演进的过渡期，冶金术的诞生令铜开始取代石材，成为制作工具和武器的主要材料。农业革命提高了食物供给量，带来了人口的增加与人类居住地的扩大，原始村庄逐渐具备了城市的雏形。此时期建成了最早的一批砖庙，生活在两河流域北部的农民通过修建运河灌溉并扩大了耕地。此时期的遗址中还出土了雕塑的最早样本，以及用于标志个人财富的印章和形式复杂的陶器。这一时期重要的建筑遗址主要有位于阿尔帕契亚的圆屋（约公元前 4800 年）、泰佩高拉的卫城（约公元前 3600 年）、布拉克的眼神庙、阿巴德欧贝德时期的村落（约公元前 4000 年）、维利的粮仓（约公元前 4000 年初期）及埃利都的神庙（公元前 5000～前 3000 年）等。

青铜时代（公元前 3750～前 2900 年）

在这一时期，青铜由于坚固耐用取代了铜，成为制造武器与工具的材料。文字是这一时代最为重要的发明，除此之外，西亚人还发明了犁、轮、战车、帆船和圆筒印章。青铜时代的西亚主要由两个以早期城市遗址命名的文化发展阶段构成，即乌鲁克和捷姆迭特·那色。由于气候的变化，美索不达米亚北部的居民为获取耕地而南迁。作为世界上最早的城市，乌鲁克最初是苏美尔人在南部的一个居住区，它的城市化（公元前 3750～前 3150 年）及其后捷姆迭特·那色的城市化（公元前 3150～前 2900 年）并非孤立现象——以大量人口中心为特点的复杂社会形式的出现、劳动的专业化和独立性，以及财富的增长和集中，促使当时南部地区的众多定居点都陆续发展成为城市。这一时期重要的遗址包括乌鲁克城、乌鲁克的白神庙（公元前 3500～前 3000 年）、塔庙、伊安娜圣区（约公元前 3100 年）、欧盖尔神庙（"画庙"，约公元前 3250 年）、埃利都的史前神庙，以及海法吉的欣神庙等。

早王朝时代（公元前 2900～前 2334 年）

早王朝时代的苏美尔出现了世袭的国王和包括基什、伊新、尼普尔、舒鲁帕克、拉加什、乌鲁克、拉尔萨、乌尔，以及埃利都在内的众多繁华城市。这些城市大多具有城邦的性质，它们被各个王朝所控制，早王朝时代因此而得名。在这一阶段，环境问题进一步加剧，城市之间常为水资源而争战。灌溉运河网络的开挖与维护，确立了中央集权和政府控制的必要性。南部的美索不达米亚通过军事胜利占据了资源优势，进而积累了用于创作辉煌艺术品的财富与原材料。这一时期重要的遗址主要包括乌尔王陵（公元前 2600～前 2500 年）、基什的宫殿、埃利都宫殿、海法吉，以及位于其中的欣神庙（公元前 2750～前 2650 年）、椭圆形神庙（公元前 2650～前 2350 年）、欧贝德及位于其中的神庙（公元前 2523～前 2484 年）、尼普尔及位于其中的塔庙（约公元前 2100 年）、伊什塔尔神庙、阿斯马尔（埃什努纳）城区（公元前 3000 年）及位于其中的红庙、"方庙"（公元前 2900 ～前 2600 年）、阿格拉卜的萨拉神庙，以及马里（今哈里里丘）等。

阿卡德帝国（公元前 2334 ～前 2193 年）

居住在苏美尔北方的塞姆人在萨尔贡大帝（Sargonthe Great，公元前 2334 ～前 2279 年）的领导下征服了苏美尔各个城邦，萨尔贡以阿卡德为首都，建立了世界上最早的帝国。巴比伦尼亚自此进入了一个新的时代，它的政治、语言和艺术等都被一种新的进取精神所影响。萨尔贡的孙子纳拉姆 - 辛（Naram-Sin，公元前 2254 ～前 2218 年）将帝国扩展到了亚美尼亚和伊朗境内。据史料记载，阿卡德的国王们曾致力于重建和修复古代苏美尔城市中的神庙和祠堂。尽管阿卡德帝国的名号来自它的都城，但阿卡德城的具体位置却无从考证，因此，这一时期没有太多被发掘出来的建筑实例。大多数萨尔贡时期的建筑遗迹都深埋于其后期的废墟下，发现的建筑和遗迹主要包括：阿斯马尔（埃什努纳）的阿卡德宫殿（"北宫"，公元前 2350 年）和庙堂、乌尔纳姆石碑、位于布拉克丘的纳拉姆 - 辛宫、纳拉姆 - 辛记功碑（公元前 2254 ～前 2218 年）等。

新苏美尔时期（公元前 2112 ～前 2004 年）

阿卡德帝国崩溃后，古提人成为两河流域的统治者。一个世纪后，苏美尔众君主联盟并驱逐了古提人。随后出现了两位苏美尔统治者，即拉加什（Lagash）的古地亚（Gudea，公元前 2141 ～前 2122 年）和乌尔的乌尔纳木（Ur-Nammu，约公元前 2113 ～前 2096 年在位），前者以众多虔诚的石雕肖像而闻名，后者缔造了辉煌的乌尔第三王朝。古地亚和乌尔纳木都是富有创造力的建设者，他们认为自己承蒙神恩，因此为神灵修建了神庙和塔庙。古代西亚保存最好的纪念性建筑——乌尔塔庙是专门为乌尔纳木修建的。苏美尔文明的黄金时代随着乌尔帝国的崩溃而终结，乌尔城在被埃兰人破坏后永久地变为了废墟。新苏美尔时期的建筑和遗迹主要包括乌尔及位于其中的圣区（公元前 2113 ～前 2006年）、塔庙（公元前 2112 ～前 2047 年）、"吉巴乌"、乌尔纳姆和舒尔吉寝宫、国王墓地、居住区，阿斯马尔（埃什努纳）的吉米尔辛庙堂和首领宫（乌尔第三王朝末期，公元前 2317 ～前 2283 年）等。

古巴比伦与古亚述时期（公元前 2000 ～前 1600 年）

乌尔帝国崩溃后，两河流域的南部与北部分别崛起了两个互相争斗的城邦，即位于南部的伊新和拉尔萨，以及位于北部的亚述和埃什努那。与此同时，在北部形成势力的还有控制了马里王国的阿摩利人部落。阿摩利人最终征服了苏美尔，并于约公元前 1900 年时在巴比伦建立起第一个阿摩利王朝。古巴比伦王国在农业、商业、数学、天文学等方面非常发达，在汉谟拉比（Hammurabi，公元前 1792 ～前 1750 年在位）统治时期达到极盛。汉谟拉比是阿摩利王朝的第六位国王，在他的统治下，王朝取得了对两河流域绝大部分的控制权。汉谟拉比既是征服者、统治者，也是法律的制定者。阿摩利王朝在汉谟拉比死后一个半世纪灭亡，巴比伦城也被赫梯人破坏。这一时期的建筑和遗址主要包括伊夏里（内里布吐姆）的伊什塔尔·基蒂图姆神庙（伊新－拉尔萨时期，公元前 2017 ～前 1794 年），阿舒尔的神庙，拉尔萨的巴巴尔神庙，里迈（卡拉纳）的神庙（约公元前 1800 年），马里的大衮神庙（公元前 18 世纪初）、齐姆里利姆王宫（主要工程建于公元前 18 世纪前半叶）；哈马尔（沙杜普姆）老城，汉谟拉比法典碑（约公元前 1792 ～前 1750 年）等。

中亚述时期（公元前 1600 ～前 1000 年）

巴比伦城被赫梯人破坏后又由加喜特人控制，来自伊朗的加喜特人在美索不达米亚地区实行了 4 个半世纪的统治，他们采取审慎的政策，对原有的宗教、文化持尊重态度。亚述在巴比伦崩溃时期被北部地区新崛起的米坦尼帝国征服，直到公元前第 14 世纪才恢复独立。亚述国王图库尔蒂·尼努尔塔一世（Tukulti-Ninurta I，公元前 1244 ～前 1208 年在位）曾率军攻占了巴比伦，但加喜特人又重新夺回了城市，加喜特人的统治最终被埃兰人终结。巴比伦国王尼布甲尼撒一世（Nebuchadnezzar I，公元前 1124 ～前 1103 年在位）驱逐了埃兰人。亚述在提格拉特 - 帕拉沙尔一世（Tiglath-Pileser，公元前 1115 ～前 1077 年在位）统治时期兴盛一时，但在其去世后迅速遭到重创。在中亚述时期，铁器取代了青铜，成为制作武器和工具的金属。

这一时期的建筑和遗址主要包括乌鲁克的伊南娜神庙（卡拉因达时期，公元前 15 世纪～前 14 世纪），伊新的古拉神庙（加喜特时期），阿舒尔及位于其中的伊什塔尔神庙（图库尔蒂·尼努尔塔一世时期）、安努和阿达德神庙（公元前 12 世纪末～前 11 世纪初）、月神（欣）神庙（公元前 1500 年）、塔庙（沙西姆·阿达德一世时期）、"老宫"

（沙西姆·阿达德一世时期），图库尔蒂·尼努尔塔城的阿舒尔神庙及塔庙（图库尔蒂·尼努尔塔一世时期）、图库尔蒂·尼努尔塔一世宫殿等。

新亚述帝国（公元前 911～前 612 年）

随着外国人占领亚述曾经统治过的土地和贸易路线，公元前 10 世纪末的亚述处于低潮与衰败期。在阿达德-尼拉里二世（Adad-nirari II，公元前 912～前 891 年在位）的领导下，亚述重振并取得了民族解放。亚述人以北部美索不达米亚为基地，在一系列好战国王的统治下，亚述帝国不断扩张。在此过程中，尼尼微成为古代世界最富有的城市之一。

新亚述帝国的建筑以炫耀其帝国实力与权威的宫殿、堡垒为主要代表。这一时期的建筑和遗址主要包括尼姆鲁德（卡拉）及位于其中的城堡山头、塔庙、亚述纳西拔宫（"西北宫"）、伊撒哈顿宫（"西南宫"）、提格拉特帕拉沙尔三世"中央宫"、撒缦以色三世黑色方尖碑、尼努尔塔神庙（约公元前 865 年），尼尼微及位于其中的西拿基立宫、亚述巴尼拔西北宫（公元前 668～前 630 年）、内尔加尔门、夏马什门（公元前 705～前 681 年），都尔-沙鲁金（豪尔萨巴德）以及位于其中的城堡、萨尔贡二世王宫（公元前 713～前 706 年）、拿波神庙，阿尔斯兰塔什的亚述行宫，西拿基立运河，杰旺的西拿基立输水道（公元前 7 世纪），蒂尔巴尔西普的亚述行宫（公元前 8 世纪）等。

新巴比伦时代（公元前 625～前 539 年）

新巴比伦王国又称迦勒底王国，由迦勒底人所创建。迦勒底人在亚述内乱时趁机取得对巴比伦的控制，之后又与米底王国联盟，共同攻陷尼尼微并终结了亚述帝国的统治。新巴比伦王国在尼布甲尼撒二世（Nebuchadnezzar II，公元前 605～前 561 年在位）执政期间发展至鼎盛，后者在长达 56 年的统治生涯中取得了对叙利亚和以色列的重新控制，他的军队摧毁了耶路撒冷，他把首都巴比伦城打造成了新的传奇。尼布甲尼撒二世统领了一次巴比伦文化的复兴，巴比伦城也因雄伟壮观而变得举世瞩目。尼布甲尼撒二世下令建造了传说中的巴别塔和"古代世界建筑七大奇迹"中的巴比伦空中花园。尽管这些建筑没有留下遗迹，但却在人们想象中占有一席之地。这一时期重要的建筑和遗址还包括：巴比伦及位于其中的伊什塔尔门（公元前 604～前 562 年）、巡游大道、塔庙、南宫（尼布甲尼撒二世宫）、"巴别丘"、夏宫、塔庙及马尔杜克神庙、宁马赫神庙、伊什塔尔古祠、古拉神庙、尼努尔塔神庙、梅尔克斯区，位于基什的哈尔萨格卡拉马丘神庙（尼布甲尼撒二世时期），位于博尔西珀的拿波神庙和大塔庙（尼布甲尼撒时期改建）等。

波斯时代（公元前 539～前 331 年）

公元前 539 年，波斯国王居鲁士大帝（Cyrusthe Great，公元前 550～前 529 年在位）征服巴比伦，他统一了两河流域并创立了横跨亚、非、欧的庞大帝国。在波斯人统治的两个世纪中，美索不达米亚的经济与文明都出现了衰退。公元前 330 年，亚历山大大帝占领巴比伦，古代西亚自此步入希腊化时代。从留存的波斯时代建筑中可以看出其中既有对亚述传统的因袭，也糅合了埃及与希腊的风格，同时还具有精湛的装饰工艺。这一时期的重要建筑及遗址包括帕萨尔加德及位于其中的御座山、皇家花园、门楼、觐见厅、居鲁士寝宫（约公元前550年），苏萨以及位于其中的因舒希纳克神庙（公元前12世纪）、大流士宫殿（公元前5世纪～前4世纪）、沙乌尔宫殿、城堡，波斯波利斯的宫殿建筑群（主体部分建于公元前518～前463年）等。

埃及古代建筑

埃及是世界文明古国，公元前第4千纪建立奴隶制国家，营造了人类最早的巨型纪念性建筑物。埃及人用庞大的规模、简洁稳定的几何形体、明确的对称轴线和纵深的空间布局来达到雄伟、庄严、神秘的效果。

埃及古代建筑史有3个主要时期。

◆ 古王国时期的建筑

古王国时期（约公元前27～前22世纪）的主要建筑是举世闻名的金字塔。

◆ 中王国时期的建筑

中王国时期（约公元前22世纪中叶至前16世纪）的建筑以石窟陵墓为代表。上埃及首都底比斯所在地区峡谷深窄，悬崖峻峭，法老（国王）陵墓多为在山岩上开凿的石窟，利用原始的巉岩崇拜来神化君主。这时已采用梁柱结构，能建造比较宽敞的内部空间。公元前2000年前后建于代尔·埃尔－巴哈里的曼都赫特普三世墓是石窟陵墓的典型实例。

进入墓区大门，经过一条长约 200 米、两侧立有狮身人面像的石板路，到达大广场。沿坡道登上平台，台中央有小金字塔，台座三面有柱廊。后面为一院落，四周环绕柱廊。向后进入有 80 根柱子的大厅，再进入凿在山岩里的小神堂。陵墓与壁立的山崖对比强烈，互相映衬，构成雄伟壮丽的统一整体。整个建筑群沿纵轴线布置，严整对称。

◆ 新王国时期的建筑

新王国时期（约公元前 16 ～前 11 世纪）是古代埃及鼎盛时期。适应专制统治的宗教以阿蒙神（太阳神）为主神，法老被视为阿蒙神的化身。神庙取代陵墓，成为这一时期最重要的建筑。神庙形制大致相同。除大门外，有 3 个主要部分：周围有柱廊的内庭院，接受臣民朝拜的大柱厅和只许法老和僧侣进入的神堂密室。大门前为举行群众性宗教仪式的地方。典型的牌楼门是两片梯形实墙夹着中央门道，轮廓简单、稳重。大片墙面上镌刻着轮廓鲜明的浅浮雕，饰以色彩。大门前常有一两对方尖碑或法老雕像。规模最大的是卡纳克和卢克索的阿蒙神庙。卡纳克的阿蒙神庙进深 366 米，设六道牌楼门，第一道最大，高 43.5 米，宽 113 米。大柱厅的规模也最大，面积约 5000 平方米；厅内密排 134 根大柱，中间的两排高 21 米，直径 3.57 米；两旁柱高 12.8 米，直径 2.74 米。柱极

埃及的阿蒙神庙

粗壮，直径大于柱间净空，造成压抑感。高低柱间高侧窗的细碎光点散落在柱身和地面上，渲染了大厅虚幻神秘的气氛。

爱琴文化的建筑

爱琴文化出现于公元前第 3 千纪，范围及于爱琴海各岛屿、希腊半岛和小亚细亚沿岸地区，以克里特岛和希腊半岛上的迈锡尼为中心，又称克里特－迈锡尼文化，公元前 12 世纪以后湮没。

19 世纪末，对爱琴文化的考古发掘发现有城市、宫殿、住宅、陵墓和城堡等遗址。其建筑布局、石砌技术、柱式和壁画、金属构件等都有很高水平。爱琴文化的建筑对古希腊建筑颇有影响。

公元前第 2 千纪，克里特岛上的建筑风格精巧纤丽，房屋开敞，柱式上粗下细，极有特色；壁画风格朴实，色彩丰富。有代表性的实例是米诺斯王宫。王宫依山修建，规模宏大，内部空间高低错落，楼梯走道曲折回环，在希腊神话中被称为"迷宫"。其中正殿、王后寝室、浴室、露天剧场、库房等都布置在一个南北长

希腊克里特岛的克诺索斯废墟
（传说中的米诺斯宫殿）

51.8 米、东西宽 27.4 米的中央大院周围。

迈锡尼继克里特而起，成为爱琴文化的中心。重要的建筑有迈锡尼城、泰伦卫城等。阿脱雷斯宝库建成于公元前 14 世纪，是传说中的迈锡尼国王阿伽门农之墓，墓室平面为圆形，直径 14.6 米，穹隆采用叠涩法砌筑。

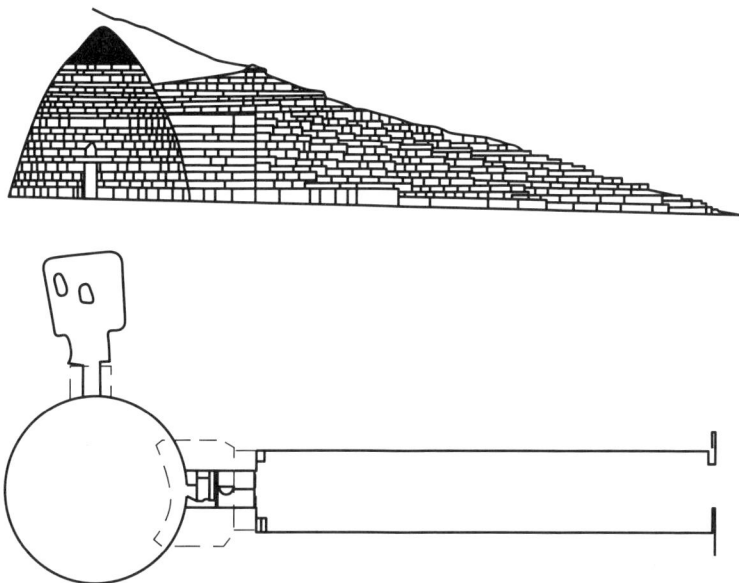

迈锡尼阿脱雷斯宝库剖面图（上）、平面图（下）

古希腊建筑

古代希腊是欧洲文化的发源地，古希腊建筑开欧洲建筑的先河。古希腊的发展时期大致为公元前 8 ～前 1 世纪，即到希腊被罗马兼并为止。

古希腊建筑的结构属梁柱体系，早期主要建筑都用石料。限于材料性能，石梁跨度一般是 4 ～ 5 米，最大不过 7 ～ 8 米。石柱以鼓状砌块垒叠而成，砌块之间有榫卯或金属销子连接。墙体也用石砌块垒成，砌块平整精细，砌缝严密，不用胶结材料。虽然古希腊建筑形式变化较少，内部空间封闭简单，但后世许多流派的建筑师都从古希腊建筑中得到借鉴。

◆ 古风时期

公元前 8～前 6 世纪，希腊建筑逐步形成相对稳定的形式。爱奥尼亚人城邦形成了爱奥尼式建筑、风格端庄秀雅；多立安人城邦形成了多立克式建筑，风格雄健有力。到公元前 6 世纪，这两种建筑都有了系统的做法，称为柱式。柱式体系是古希腊人在建筑艺术上的创造。

◆ 古典时期

公元前 5～前 4 世纪是古希腊繁荣兴盛时期，这一时期创造了很多建筑珍品，主要建筑类型有卫城、神庙、露天剧场、柱廊、广场等。不仅在一组建筑群中同时存在上述两种柱式的建筑物，而且在同一单体建筑中也往往运用两种

雅典卫城

柱式。雅典卫城建筑群和该卫城的帕提农神庙是古典时期的著名实例。

古典时期在伯罗奔尼撒半岛的科林斯城形成一种新的建筑柱式——科林斯柱式，风格华美富丽，到罗马时代广泛流行。

◆ 希腊化时期

公元前 4 世纪后期到公元前 1 世纪是古希腊历史的后期，马其顿王亚历山大远征，把希腊文化传播到西亚和北非，称为希腊化时期。希腊建筑风格向东方扩展，同时受到当地原有建筑风格的影响，形成了不同的地方特点。

古罗马建筑

古罗马建筑是指极盛于公元 1 ～ 3 世纪，分布于古罗马帝国整个疆域的建筑物。古罗马通常指公元前 10 世纪初在意大利半岛中部兴起的文明，历经王政时期、共和时期，于公元前 1 世纪前后扩张为横跨欧亚非的庞大帝国。其中 1 ～ 3 世纪是古罗马帝国最强大的时期，也是建筑活动最兴盛的时期。重大的建筑活动遍及帝国各地，在不列颠、高卢、巴尔干、小亚细亚、西亚、西班牙、北非等处都出现了大量高水平的城市建设和大型建筑，而最重要的建筑成就主要集中在罗马城。

古罗马建筑是古罗马人沿袭亚平宁半岛上伊特鲁里亚人的建筑技术，继承古希腊建筑成就，在建筑形制、技术和艺术方面广泛创新的一种建筑风格，达到了西方古代建筑的高峰。古罗马建筑艺术成就很高，大型建筑物的风格雄浑凝重，构图和谐统一，形式多样。罗马人开拓了新的建筑艺术领域，丰富了建筑艺术手法。

◆ 城市、广场与市政建设

罗马的统治阶级在各处兴建和扩建城市。典型的例子如作为行政、文化中心的罗马城、雅典城和埃及的亚历山大里亚城，作为商港的巴尔米拉（Palmyra）和俄斯提亚（Ostia）等。在许多具有战略意义的地点还建造了军事营寨城，如阿奥斯塔（Aosta）、兰培西斯（Lambazis）和提姆加德（Timgard）。此外，还出现了庞贝（Pompeii）这样的休养型城市。其中较有特色的是军事营寨城，其由军队在极短时期内建成，为了向被征服地区炫耀帝国的军事和经济力量，城市往往有统一的布局规划，按照军队严谨的筑营方式建造。提姆加德城有两条相互垂直的大干道，呈丁字式相交，交点旁是城市中心广场，可在此阅兵。城市街道采用格网状，形成相同方块的街坊。在主干道的起止点和交义处设凯旋门，凯旋门之间用长长的柱廊连接起来，形成雄伟的街景。罗马城市中心坐落着广场。在共和国时期，广场是居民社会、政治与经济活动的中心，布局比较自由，一般是长梯形平面，房屋比较零乱，常用柱廊来统一周围的建筑物。广场四周设有鱼、肉、纺织品等市场、交易所和法庭等建筑物，表现出一定的自发性。到了帝国时期，皇帝的雕像、巨大的庙宇、法庭、华丽的柱廊控制着广场，使广场成为帝王的个人纪念碑，失去了全民的意义。

此外，为了对外扩张需要，古罗马人还兴建了罗马大道、罗马长城和大量市政基础设施，反映了其出色的工程技术水平。古罗马城市用水量很大，常常建造工程浩大的输水道，从几十里之外把水送入城里，如罗马城就有11条输水道。输水道用连续的大石券架起来，甚至是重叠两、三层，绵延数十里。在浩旷的原野上，输水道已不再是简单的工程构筑物，而变成具有很强表现力的叙述罗马劳动者精力和才能的纪念性建筑物。在外省城市里也有同样的设施，如法国境内尼姆城附近的加特桥就是雄伟的输水道的残迹。

◆ **建筑类型多样化**

为了奴隶主阶级政治、经济、军事和生活享乐的需要，在古罗马的建筑中出现许多新的类型。如供统治阶级消遣和享受所用的剧场、浴场、斗兽场等，夸耀帝王威力、炫耀帝王武功、为帝王歌功颂德的广场、凯旋门、纪功柱，为帝王、贵族的世俗生活服务的大规模的宫殿、府邸、别墅、花园，为统治阶级政权服务的巴西利卡、档案馆等。为缓解罗马城巨大的人口量和城市用地扩张受限之间的矛盾，罗马城大规模兴建了拥挤的公寓建筑。在帝国晚期，仅罗马城就有公寓 4.5 万所。为了追求利润，建筑向高空发展，一般高达五六层，最高的达到八层。但有些高层公寓建筑质量太差，以致造成坍塌。

◆ **建筑技术与空间大发展**

在大规模的建筑活动中，天然混凝土得到广泛和大量的应用，并积累了丰富的经验，技术上也有新的进步。拱券结构大为发展，成为罗马建筑最大的特色和最大的成就之一。罗马建筑的空间组合、艺术形式等都与拱券结构有密切联系。这种出色的拱券技术使罗马宏伟壮丽的建筑有了实现的可能性，使罗马建筑空前大胆的创造精神有了根据。这时期出现了筒形拱、交叉拱和大穹隆顶的屋顶形式，施工上有薄板拱与分格拱的做法，使建筑的跨度加大，空间处理更加丰富、更为复杂。有庄严的万神庙的单一空间，有层次多、变化大的皇家浴场的序列式组合空间，还有巴西利卡的单向纵深空间。有些建筑物内部空间艺术处理的重要性超过了外部体形。

◆ **古典柱式与装饰艺术成熟**

这时期，古希腊的柱式系统在罗马得到广泛的应用，并有了新的发展。除去希腊原有的多立克柱式（Doric Order）、爱奥尼柱式（Ionic Order）、科林斯柱式（Corinthian Order）外，罗马人又创造了塔司干柱式（Tuscan Order）和混合柱式（Composite Order）。对希腊原有的柱式也加以改造，处理得更程式化，形成了"罗马五柱式"。希腊的柱式和罗马的拱券相结合，又出现了新的形式构图：①柱式不起结构作用，拱券作承重结构，柱式成为壁柱，只起装饰作用，称券柱式。帝国各地的凯旋门大多是券柱式构图。②柱子起承重作用，券代替柱子上面的梁，券脚直接落在柱式的柱子上，或在中间垫一小段檐部，一般多重复连续使用，产生轻巧、活泼的构图，称连续券。此外，还有叠柱、叠券等形式。柱式组合形式也很多。在多层建筑中，一般把多立克柱式用在底层，中层叠以爱奥尼柱式，上层是科林斯柱式，每层向后稍退进一步，既稳定又美观，形成多层叠柱式。这种多样形式的组合既丰富了建筑空间，又丰富了公共建筑的处理手法。

罗马建筑的巨大尺度和建筑物的庞大体形，显示出罗马帝国的骄横强大。为了追求虚夸的气魄，建筑物的细部做得比较粗糙。罗马人用线脚和花纹加以装饰，这和希腊建筑的精细柔美很不相同，显得豪放浑厚。

在材料上，充分利用金、银、青铜、陶片、大理石和马赛克的色彩和质感，将建筑物装饰得更加富丽堂皇，反映出炫耀武力、好大喜功、唯我独尊的帝国特点。

古罗马公共建筑物的类型多，形制比较成熟，样式和手法很丰富，结构水平高，初步建立了建筑的科学理论，对后世欧洲的建筑，甚至全世界的建筑产生了巨大的影响。古罗马时期是最富有创造力的时代之一，因此欧洲人盛赞："光荣归于希腊，伟大归于罗马。"

罗马城的提图斯凯旋门（公元 82 年建）

早期基督教建筑

基督教于 1 ～ 2 世纪开始流传。罗马帝国于 313 年颁布《米兰敕令》取得合法地位后，教堂建筑逐渐发展起来，罗马一地就有 30 余座教堂。早期基督教建筑明显受到古罗马建筑的影响，教堂平面有圆形和多边形的形制。

典型的教堂形制，由巴西利卡发展而来。巴西利卡是一种长方形大厅，由纵向柱列分为几部分，中间较宽较高，两旁较窄较低。教会规定圣坛必须在东端，大门朝西。圣坛为半圆形穹顶所覆盖，圣坛前设祭坛，祭坛前又增建一横翼，比较短；与巴西利卡一起形成长十字形平面，称

为拉丁十字，象征基督受难。一般在巴西利卡前还有一个三面有围廊的前庭，中央设洗礼池。独立的钟楼位于教堂一侧，形成完整的群体。这种巴西利卡式教堂是西

罗马圣保罗教堂内部

欧中世纪天主教堂的原型，典型实例是罗马圣保罗教堂。

早期基督教堂多用木屋架，柱子较细长。外墙仅刷灰浆或作砖贴面，不加装饰。内部最普遍的装饰方法是彩色大理石镶嵌。装饰的重点部位是圣坛的半穹顶。基督或圣徒像衬以金色背景，十分醒目。中厅柱列的透视效果把视线引向圣坛，使内部空间在感觉上比实际深远，成为巴西利卡式教堂的突出特点。

拜占廷建筑

拜占廷建筑继承东方建筑传统，改造和发展了古罗马建筑中某些要素而形成独特的风格，对东西方许多国家，特别是东正教国家的建筑有很大影响。罗曼建筑、塞尔维亚建筑、俄罗斯建筑都同它有密切关系。

拜占廷帝国存在于 330 ～ 1453 年，5 ～ 6 世纪时处于极盛时期，其版图一度包括巴尔干半岛、叙利亚、巴勒斯坦、小亚细亚、北非，以及意大利半岛和西西里。

君士坦丁堡的圣索菲亚大教堂（532 ～ 537），集中体现了拜占廷建筑的特点。其突出之处是在方形平台上覆盖圆形穹顶的结构体系，通过特殊的过渡构件——帆拱，把穹顶支承在若干独立的墩子上，辅以筒形拱顶及其他措施达到力学上的平衡。圣索菲亚大教堂体量庞大，其大穹顶直径 31 米，穹顶下部有 40 个小天窗，与罗马人建在筒形实墙上的穹顶效果不同。采取这种结构，便能在各种正多边形平面上使用穹顶，使建筑物内外都有完整的集中式构图，成为后来欧洲纪念性建筑的先导。

君士坦丁堡圣索菲亚大教堂外景

圣索菲亚大教堂的另一特点是内部装饰富丽堂皇。重点部位镶嵌彩色玻璃，衬以金色，彩色大理石墙面与外部

君士坦丁堡圣索菲亚大教堂内景

圣索菲亚大教堂剖面图

朴素的砌体表面对比鲜明。教堂内部虚实、明暗的变化略带神秘气氛，
闪烁发光的镶嵌表面加强了这种效果。广泛使用斑岩或大理石圆柱作内
部的承重构件。柱头从圆形直接过渡到方形，上面附加一层斗形柱头垫
石。在柱头之下、柱础之上加铜箍，既是结构需要，又有装饰效果。

罗曼建筑

罗曼建筑是 10 ～ 12 世纪欧洲基督教流行地区的一种建筑风格，也
是欧洲中世纪第一个具有普遍意义的建筑和造型艺术风格。罗曼建筑原
意为罗马式样的建筑，又译罗马风建筑、罗马式建筑、似罗马建筑等。
主要流行于法国、意大利、英国和德国等国，在 1100 年左右达到全盛，

主要见于修道院和教堂。

罗曼建筑承袭初期基督教建筑，采用带边廊和半圆室的会堂式平面。随着 10 世纪和 11 世纪欧洲修院制度的发展，为了容纳更多的修士和朝拜的信徒，教堂和修道院规模扩大，人们在门窗及拱廊等部位大量采用作为古罗马建筑传统做法的半圆拱券，用筒拱和交叉拱顶取代初期基督教堂中厅的木构屋顶，以厚重的柱墩和墙体抵挡拱顶的横向推力。出于向圣像、圣物膜拜的需要，同时也为了更好地抵挡穹顶的横向推力，在东端增设了若干辐射状的小礼拜堂和回廊，平面形式渐趋复杂。

罗曼建筑平面十字交叉处及西端往往设大小不一的壮观塔楼，沉重坚实的墙体表面饰以连拱券廊和檐壁，构成这种风格的典型特征。门窗洞口亦用多层同心圆券，以减少沉重感。有时也用简化的古典柱式和细部装饰。厅堂内大小柱式有韵律地交替布置，朴素的中厅与华丽的圣坛形成强烈对比，中厅与侧廊较大的空间变化打破了古典建筑的均衡感，窄小的窗口更赋予广阔的内部空间一种阴暗神秘的气氛。

随着建筑规模不断扩大和中厅向高处发展，在仍保持拉丁十字平面的同时，人们在罗马的拱券技术基础上不断进行试验和发展，采用扶壁以平衡沉重拱顶的横向推力，以后又逐渐用骨架券代替厚重的拱顶，进一步减少高耸的中厅上拱脚的横向推力，并使拱顶适应不同形式和尺寸的平面。到 1150 年左右，终于演化发展出来。罗曼建筑作为一种过渡形式，第一次成功地把高塔组织到建筑的完整构图中去，同时也开始把沉重的结构与垂直上升的动势结合起来。

罗曼建筑的代表性实例有意大利比萨主教堂建筑群（11 ～ 14 世纪）、德国沃尔姆斯主教堂（11 ～ 12 世纪）等。

意大利比萨主教堂建筑群

德国沃尔姆斯主教堂

哥特建筑

哥特建筑是 11 世纪下半叶起源于法国，13 ～ 15 世纪流行于欧洲的建筑风格。主要见于天主教堂，也影响到世俗建筑。哥特建筑以其高超的技术和艺术成就，在建筑史上占有重要地位。哥特教堂的结构体系由石头骨架拱券和飞扶壁组成。其基本单元系于正方形或矩形平面四角柱子上起双圆心肋骨尖券，四边和对角线上各一道，上铺屋面石板，形成拱顶。采用这种方式，可以在不同跨度上做出矢高相同的券，拱顶重量较轻，交线分明，减少了券脚的推力，简化了施工。飞扶壁由侧厅外面的柱墩起券，以此平衡中厅拱脚的侧推力。为了增加稳定性，常在柱墩上砌尖塔。由于采用了尖券、尖拱和飞扶壁，哥特教堂内部空间高旷、单纯、统一。装饰细部如华盖、壁龛等也都用尖券作母题，建筑风格与结构手法形成一个有机的整体。

◆ 法国哥特建筑

11 世纪下半叶，哥特建筑在法国兴起。当时法国一些教堂已经出现肋架拱顶和飞扶壁的雏形。一般认为第一座真正的哥特教堂是巴黎郊区的圣德尼教堂（1144）。这座教堂用尖券巧妙地解决了各拱间的肋架拱顶结构问题，有大面积的彩色玻璃窗，为以后许多教堂所效法。

法国哥特教堂平面虽取拉丁十字形，但横翼突出很少。西面为正门入口，东头环殿内设环廊，成放射状排列若干小礼拜室。教堂内部中厅高耸，开大片彩色玻璃窗。外观上的显著特点是有许多大大小小的尖塔和尖顶，有的西边高大的钟楼上也砌尖顶。平面十字交叉处立一高耸尖塔，扶壁和墙垛上也都有玲珑的尖顶，窗户细高，整个教堂向上的动势很强，雕刻极其丰富。西立面是建筑的重点，两边一对高大钟楼下由横向券廊水平联系，三座大门由层层后退的尖券组成所谓透视门，券面满布雕像。正门上面有一个大圆窗，称为"玫瑰窗"，雕刻精巧华丽。法国早期哥特教堂的代表是巴黎圣母院。

博韦主教堂于 1247 年动工，1548 年修了一座尖塔，高达 152 米，25 年后倒塌。这座教堂始终未能建成，只修了东半部，其大厅净高 48 米，是哥特教堂中最高的。

亚眠大教堂（1220～1269）是法国哥特建筑盛期的代表，长 137 米，宽 46 米，横翼凸出甚少，东端环殿成放射形布置了 7 个小礼拜室。中厅宽 15 米，拱顶高达 43 米，中厅的拱间平面为长方形，每间用一个交叉拱顶，与侧厅拱顶对应。柱子不再是圆形，4 根细柱附在 1 根圆柱上，形成束柱。细柱与上边的券肋相连，增强向上的动势。教堂内部遍布彩色玻璃大窗，几乎看不到墙面。教堂外部雕饰精美，富丽堂皇。这座教堂是哥特建筑成熟的标志。

盛期时的其他教堂还有兰斯大教堂（1211 ～ 1290）和沙特尔大教堂（1194 ～ 1260 年重建），它们与亚眠大教堂和博韦主教堂一起，被称为法国四大哥特教堂。斯特拉斯堡主教堂也很有名，其尖塔高 142 米。

百年战争（1337 ～ 1453）发生后，法国在 14 世纪几乎没有建造教堂。及至哥特建筑复苏，已到了火焰纹时期（因窗棂形如火焰而得名），建筑装饰趋于"流动"、复杂。束柱往往没有柱头，众多细柱从地面直达拱顶，成为肋架。拱

法国兰斯大教堂的飞扶壁示意图

顶上出现了星形或其他复杂形式的装饰肋。当时很少建造大型教堂。这种风格多出现在大教堂的加建或改建部分，以及比较次要的新建教堂中。

法国哥特时期世俗建筑的数量很大，与哥特教堂的结构和形式很不一样。由于连年战争，城市大都设防。13 世纪的城市卡尔卡松有两层带雉堞和圆形塔楼的坚实城墙，并有护城河、吊桥等防卫措施。城外封建领主的城堡多建于高地上，石墙厚实，碉堡林立，外形森严。由于城墙限制了城市的发展，城内嘈杂拥挤，居住条件很差。多层的市民住所

法国沙特尔大教堂

紧贴狭窄的街道两旁、山墙面街，一层通常是作坊或店铺，二层起出挑以扩大空间。结构多为木框架，通过外露形成漂亮图案，极富生趣。富人邸宅、市政厅、同业公会等则多用砖石建造，采用哥特教堂的许多装饰手法。

◆ 英国哥特建筑

出现比法国稍晚，流行于 12 ～ 16 世纪。其教堂不像法国教堂那样矗立于拥挤的城市中心，力求高大，控制城市，而是往往位于开阔的乡村环境中，作为庞大修道院建筑群的一部分，比较低矮，与修道院一起沿水平方向伸展。它们不像法国教堂那样重视结构技术，但装饰更自由多样。英国教堂的工期一般都很长，其间不断改建、加建，很难找到整

体风格统一的。

坎特伯雷大教堂始建于 11 世纪初，曾遭火灾。1174 ～ 1185 年，请法国名匠设计重建的歌坛和圣殿全然是法国式样。索尔兹伯里主教堂（1220 ～ 1265）和法国亚眠大教堂的建造年代接近，中厅较矮较深，两侧各有一侧厅，横翼突出较多，且有一较短的后横翼，可容纳更多的教士，为英国常见的布局手法。教堂的正面也在西侧。东头多以方厅结束，很少用环殿。索尔兹伯里主教堂虽有飞扶壁，但并不显著。英国教堂平面交叉处的尖塔往往很高，成为构图中心，西面的钟塔退居次要地位。索尔兹伯里主教堂的中心尖塔高约 123 米，为英国教堂之冠。其外观虽有英国特点，但内

英国埃克塞特大教堂

部仍是法国风格，装饰简单。后来的教堂内部则有较强的英国风格。约克教堂西面窗花复杂，曲线窗棂组成生动的图案。这时期的拱顶肋架图案丰富，埃克塞特大教堂的拱顶肋架如树枝张开的大树，非常有力，还采用了由许多圆柱组成的束柱。

格洛斯特教堂的东头和坎特伯雷教堂的西部，窗户极大，用许多直棂贯通分割，窗顶多为较平的四圆心券。纤细的肋架伸展盘绕，极为

华丽。剑桥国王礼拜堂的拱顶像许多张开的扇子，称作扇拱。韦斯敏斯特修道院中亨利七世礼拜堂（1503～1512）的拱顶做了许多下垂的漏斗形花饰，穷极工巧。这时的肋架已失去结构作用，成了英国工匠们表现高超技巧的对象。英国大量的乡村小教堂，布局往往一堂一塔，使用多种精巧的木屋架，很有特色。

英国哥特时期的世俗建筑成就很高。在哥特建筑流行的早期，封建主的城堡具有很强的防卫功能，城墙极厚，设许多塔楼和碉堡，墙内还有高高的核堡。15世纪以后，王权进一步巩固，城堡外墙开了窗户，更多地考虑居住的舒适性。英国居民的半木构式住宅以木柱和木横档作为构架，另加装饰图案，深色的木梁柱与白墙相间，相当活泼。

◆ **德国哥特建筑**

科隆大教堂是德国最早的哥特教堂之一，1248年兴工，由建造过亚眠大教堂的法国人设计，具有法国盛期哥特教堂的风格，歌坛和圣殿颇似亚眠大教堂。其中厅内部高达46米，仅次于法国博韦主教堂。西面的双塔高152米，极为壮观。德国教堂很早就形成自己的形制和特点。厅式教堂可以追溯到德国罗曼建筑时期。它和一般的巴西利卡式教堂不同，中厅和侧厅高度相同，既无高侧窗也无飞扶壁，完全靠侧厅外墙瘦高的窗户采光。拱顶上面另加一层整体的陡坡屋面，内部是一个多柱大厅。马尔堡的圣伊丽莎白教堂（1257～1283）西边有两座高塔，外观素雅，是这种教堂的代表。

德国还有一种只在教堂正面建一座高大钟塔的哥特教堂。典型的例子是乌尔姆主教堂（1377～1492）。它的钟塔高达 161 米，可谓中世纪教堂建筑中的奇观。砖造教堂在北欧很流行，德国北部也有不少这类哥特教堂。

15 世纪以后，德国的石作技巧达到了高峰。石雕窗棂刀法纯熟，精致华美。有时两层图案不同的石刻窗花重叠在一起，玲珑剔透。建筑内部的装饰小品也不乏精美的杰作。

德国乌尔姆主教堂

德国哥特建筑时期的世俗建筑多用砖石建造。双坡屋顶很陡，内有阁楼，甚至是多层阁楼，屋面和山墙上开着一层层窗户，墙上常挑出轻巧的木窗、阳台或壁龛，外观极富特色。

◆ 意大利哥特建筑

哥特建筑于 12 世纪由北方各国传入，影响也主要限于北部地区。意大利没有真正接受哥特建筑的结构体系和造型原则，只是把它作为一种装饰风格，因此很难找到"纯粹"的哥特教堂。

意大利教堂并不强调高度和垂直感，正面也没有高大的钟塔，而是采用屏幕式的山墙构图。屋顶平缓，窗户不大，往往尖券和半圆券并用，飞扶壁极为少见，雕刻和装饰具有明显的罗马古典风格。锡耶纳主教堂使用了肋架券，但只是在拱顶上略呈尖形，其他仍为半圆形。奥尔维耶托主教堂屋顶仍用木屋架。这两座教堂正面相似，其构图可视作屏幕式山墙的发展，中间高，两边低，有三个山尖。外部虽然用了许多哥特小尖塔和壁墩作为装饰，但平墙面上的大圆窗和连续券廊，仍然是意大利教堂的固有风格。

意大利具有代表性的哥特教堂是米兰大教堂（1385～1485）。它是欧洲中世纪最大教堂之一，14世纪80年代动工，直至19世纪初才最后完成。教堂内部由四排巨柱隔开，宽达49米。中厅高约45米，横翼与中厅交叉处更拔高至65米多，上面是一个八角形采光亭。中厅仅高出侧厅少许，侧高窗很小，内部光线幽暗。建筑外部由光彩夺目的白大理石筑成。高高的花窗、直立的扶壁以及135座尖塔，处处表现出向上的动势，塔顶上的雕像也仿佛正待飞升。西边正面为意大利人字山墙，同样装饰着很多

意大利米兰大教堂

哥特尖券尖塔，但门窗已带有文艺复兴晚期的风格。

这时期意大利城市的世俗建筑成就很高，许多富有的城市共和国里建造了许多有名的市政建筑和府邸。市政厅一般位于城市的中心广场，粗石墙面，严肃厚重，很多还配有瘦高的钟塔，构图丰富，构成广场的

标志。城市里一般都建有许多高塔，形成优美的总体廓线。圣马可广场上的威尼斯总督宫（1309～1424）被公认为中世纪世俗建筑中最美丽的作品之一。其立面采用连续的哥特尖券和火焰纹式券廊，构图别致，色彩明快。威尼斯还有很多带有哥特柱廊的府邸，临水而立，非常优雅，如著名的黄金府邸。

意大利威尼斯总督宫

文艺复兴建筑

文艺复兴建筑是欧洲建筑史上继哥特建筑之后出现的一种建筑风格。15 世纪产生于意大利，后传播到欧洲其他地区，形成带有各自特点的各国文艺复兴建筑。意大利文艺复兴建筑在文艺复兴建筑中占有重要的位置。

文艺复兴建筑最明显的特征是扬弃中世纪时期的哥特建筑风格，而在宗教和世俗建筑上重新采用古希腊罗马时期的柱式构图要素。文艺复兴时期的建筑师和艺术家认为，哥特建筑是基督教神权统治的象征，而古代希腊和罗马的建筑是非基督教的。他们认为这种古典建筑，特别是古典柱式构图体现着和谐与理性，并且同人体美有相通之处。这些正符合文艺复兴运动的人文主义观念。

但意大利文艺复兴时代的建筑师绝不是泥古不化的人，虽然 A. 帕拉第奥和 G.B.da 维尼奥拉在著作中为古典柱式制定出严格的规范，然而当时的建筑师，包括帕拉第奥和维尼奥拉本人在内，并不受规范的束缚。他们一方面采用古典柱式，一方面又灵活变通，大胆创新，甚至将各个地区的建筑风格同古典柱式融合一起。他们还将文艺复兴时期的许多科学技术上的成果，如力学上的成就、绘画中的透视规律、新的施工机具等，运用到建筑创作实践中去。在文艺复兴时期，建筑类型、建筑形制、建筑形式都比以前增多了。建筑师在创作中既体现统一的时代风格，又十分重视表现自己的艺术个性，各自创立学派和个人的独特风格。总之，文艺复兴建筑，特别是意大利文艺复兴建筑，呈现空前繁荣的景象，是世界建筑史上一个大发展和大提高的时期。

一般认为，15 世纪佛罗伦萨大教堂的建成，标志着文艺复兴建筑的开端。而关于文艺复兴建筑何时结束的问题，建筑史界尚存在着不同的看法。有一些学者认为一直到 18 世纪末，将近 400 年都属于文艺复兴建筑时期；另一种看法是意大利文艺复兴建筑到 17 世纪初才结束，此后转为巴洛克建筑风格。意大利以外地区的文艺复兴建筑的形成和延续呈现着复杂、曲折和参差不一的状况。建筑史学界对意大利以外欧洲各国文艺复兴建筑的性质和延续时间并无一致的见解。尽管如此，建筑史学界仍然公认，以意大利为中心的文艺复兴建筑对以后几百年欧洲及其他许多地区的建筑风格产生了广泛而持久的影响。

意大利文艺复兴时期的府邸建筑

在意大利文艺复兴建筑中，府邸建筑引人注目。具有代表性的建筑是美第奇府邸、法尔尼斯府邸和圆厅别墅。

◆ 美第奇府邸

美第奇府邸于 1444～1460 年建于佛罗伦萨，是文艺复兴早期府邸建筑的代表作，设计者为米开罗佐，由佛罗伦萨的统治者美第奇家族所建，后改名吕卡第府邸。这座建筑的平面为长方形，有一个围柱式内院、一个侧院和一个后院，并不严格对称。房间从内院和外立面两面采光，立面构图统一，檐部高度为立面总高度的八分之一，挑出 2.5 米，与整个立面成柱式的比例关系。第

意大利美第奇府邸

一层墙面用粗糙的石块砌筑；第二层用平整的石块砌筑，留有较宽较深的缝；第三层也用平整的石块砌筑，但砌得严丝合缝。这种处理方法增强了建筑物的稳定性和庄严感，为后来的这类建筑所效法。

◆ 法尔尼斯府邸

法尔尼斯府邸于 1515～1546 年建于罗马，是文艺复兴盛期府邸的

典型建筑。设计者是小桑迦洛。府邸为封闭的院落，内院周围是券柱式回廊。入口、门厅和柱廊都按轴线对称布置，室内装饰富丽。外立面宽56米，高29.5米，分为三层，有线脚隔开，顶上的檐部很大，和整座建筑比例合度，墙面运用外墙粉刷与隅石的手法。正立面对着广场，气派庄重。

◆ 圆厅别墅

圆厅别墅于1552年建于维琴察，是文艺复兴晚期府邸的典型建筑，为建筑大师 A. 帕拉第奥的代表作之一。别墅采用了古典的严谨对称手法，平面为正方形，四面都有门廊，正中是一圆形大厅。别墅的四面对称的形式对后来建筑颇有影响。

意大利圆厅别墅

手法主义建筑

手法主义时期中具有典型手法主义特征的建筑作品。手法主义是1520 ～ 1590 年出现在绘画、雕塑、建筑等艺术门类中的具有相近总体特征的风格倾向，是艺术史研究中的一个概念。

　　艺术史学家们用这个概念将这一时期与在之前的盛期文艺复兴，以及之后的巴洛克两种风格区分开来。

　　手法主义这个概念源于意大利语的"风格"（maniera）一词，后者是指存在一种特别修饰过的风尚。当16世纪意大利的艺术史学家G. 瓦萨里使用这个词时，既用它来称赞某些作品具有典型的形式特征，也用它来批评有的作品为了获得形式特征过于做作。意大利学者L. 兰奇在18世纪末开始使用这个词来指代16世纪的总体性艺术特征。20世纪初，H.沃尔夫林等德国艺术史学家的研究进一步确立了这一时期独特的艺术特征，手法主义由此成为艺术史上被广泛接受的概念。

　　以"风格"理念为核心的艺术史理论认为，在一个特定的时期中，存在一种特定的艺术倾向，会呈现在这一时期不同的艺术领域之中。虽然媒介不同，但这些艺术作品具有同样的风格特征，对应于这个时期独特的文化、政治、社会以及思想氛围。在这个意义上，不同的时代会拥有不同的风格，因此要了解一个风格自身的特征，可以通过比较不同时代的艺术作品来实现。同样，对于手法主义的理解，可以通过与在它之前的"盛期文艺复兴"进行对比来解析。

　　D. 伯拉孟特的坦比哀多小教堂和拉斐尔的雅典学派被认为是盛期文艺复兴最典型的代表作。它们共同的风格特征首先是对古典元素的使用，其次是寻求一种均衡、稳定、和谐、完美的艺术效果。通常是通过使用对称、经典几何形状、明确和清晰的秩序、相互独立的局部、经典的比例等手段来实现的。比如坦比哀多小教堂就采用了经典的圆形平面，结构体系简单清晰，水平划分明确，圆柱排列规整，比例匀称稳定。在手法主义时代，艺术家们虽然仍然依赖于古典元素，但是已经不再拘泥于均衡与和谐，而是倾向于以更为自由和大胆的手段来塑造新颖的效果。纯粹与秩序开始让位于含混与交融，艺术家们会更多地利用对比与并置来获得更强烈的视觉印象，元素的交融也让整体性与流动感得以提升，这进一步削弱了经典秩序的控制。M. 米开朗琪罗的劳伦齐亚图书馆前厅是典型的手法主义作品。他将柱子嵌入墙体的独特做法塑造了强有力的建筑特征，而台阶的曲线形态给整个作品带来的膨胀的运动感，与整个房间的几何秩序形成了极为有趣的反差。

米开朗琪罗的很多作品都具有这种创新性，以及比此前的艺术家更为强劲有力的艺术语汇。他的卡皮托利尼广场和西斯廷礼拜堂的壁画《最后的审判》都是手法主义的典型作品，这些作品使他成为手法主义最伟大的代表性艺术家。拉斐尔的晚期作品如《主显圣容》（*Transfiguration*）已经体现出鲜明的手法主义特征。曾经跟随拉斐尔工作过的 B. 佩鲁济在 1532 年左右设计的罗马马西莫府邸，也是著名的手法主义建筑。佩鲁济没有严守文艺复兴盛期的几何规则，而是采用了顺应街道曲线的完全立面。他也没有像伯拉孟特那样对立面各层进行清晰的划分，而是将地面层以上塑造成一个粗石砌筑的整体，让建筑显得更为厚重。在底层的柱廊中，佩鲁济也采用了变化的柱距，刻画出含混的入口形象。

拉斐尔的另一个学生 G. 罗马洛设计建造的德府邸也是手法主义的

典型案例。该建筑位于曼图阿，是为 F. 费德里科二世公爵建造的休闲别墅，也用于饲养公爵钟爱的马匹。建筑平面总体上并不完全对称，主体部分是一个方形院落，并不复杂。但罗马洛在很多细节处理上打破常规，创造了出人意料的独特效果。如方院几个尺度相近的外立面处理有着显著的差异，强烈的粗石砌筑与壁柱、檐口结合成为粗糙而厚重的立面形象。罗马洛对拱石的夸张处理也渲染出某种原始气质。这些特征使德府邸远离了盛期文艺复兴建筑对规整、稳定和平静的秩序诉求。

　　除了上述案例以外，16 世纪很多意大利建筑师如 B.阿曼纳蒂、B.布翁塔伦蒂、瓦萨里的作品都有明显的手法主义特点。伴随着意大利建筑师的外迁，手法主义还影响了以法国枫丹白露宫为代表的其他欧洲建筑。

　　在 20 世纪以前，艺术史学家

法国枫丹白露宫

通常认为手法主义是从文艺复兴盛期的巅峰开始衰落和败坏的结果。他们认为手法主义刻意寻求奇异的视觉效果，预示了此后更为戏剧化的巴洛克风格。手法主义背离了秩序、和谐等经典的美学原则，因此遭受了很多批评与贬低。但在 20 世纪 20 年代以后，研究者们开始强调手法主义自身的特色与价值。16 世纪建筑师们的独创性，以及对规则的打破被认同为一种值得肯定的尝试，也符合当代艺术对革新的尊重。在这种条件下，手法主义建筑如今也被认为是文艺复兴时期重要的建筑成就。

巴洛克建筑

巴洛克建筑是 17 ～ 18 世纪在意大利文艺复兴建筑基础上发展起来的一种建筑和装饰风格。巴洛克风格的特点是外形自由，追求动态，喜好富丽的装饰和雕刻、强烈的色彩，常用穿插的曲面和椭圆形空间。"巴洛克"（baroque）一词的原意是奇异古怪，古典主义者用它来称呼这种被认为是离经叛道的建筑风格。这种风格在反对僵化的古典形式、追求自由奔放的格调和表达世俗情趣等方面起了重要作用，对城市广场、园林艺术以至文学艺术都发生过影响，一度在欧洲广泛流行。

◆ 起源和传播

意大利文艺复兴晚期著名建筑师和建筑理论家 G.B.da 维尼奥拉设计的罗马耶稣会教堂（1568 ～ 1584）是由手法主义向巴洛克风格过渡的代表作，也有人称之为第一座巴洛克建筑。手法主义是 16 世纪晚期欧洲的一种艺术风格。其主要特点是追求怪异和不寻常的效果，如以变形和不协调的方式表现空间，以夸张的细长比例表现人物等。建筑史中则用 1530 ～ 1600 年意大利某些建筑师的作品中体现前期巴洛克风格的倾向。罗马耶稣会教堂平面为长方形，端部突出一个圣龛，由哥特教堂惯用的拉丁十字形演变而来，中厅宽阔，拱顶满布雕像和装饰。两侧用两排小祈祷室代替原来的侧廊。十字正中升起一座穹隆顶。教堂的圣坛装饰富丽而自由，上面的山花突破了古典法式，作圣像和装饰光芒。教堂立面借鉴早期文艺复兴建筑大师 L.B. 阿尔伯蒂设计的佛罗伦萨圣玛丽亚小教堂的处理手法。正门上面分层檐部和山花做成重叠的弧形和三角形，大门两侧采用倚柱和扁壁柱。立面上部两侧做了两对大涡

罗马耶稣会教堂

卷。这些处理手法别开生面，后来被广泛仿效。

巴洛克风格打破了对古罗马建筑理论家维特鲁威的盲目崇拜，也冲破了文艺复兴晚期古典主义者制定的种种清规戒律，反映了向往自由的世俗思想。另外，巴洛克风格的教堂富丽堂皇，而且能造成相当强烈的神秘气氛，符合天主教会炫耀财富和追求神秘感的要求。因此，巴洛克建筑从罗马发端后不久即传遍欧洲，以至远达美洲。但有些巴洛克建筑过分追求华贵气魄，到了烦琐堆砌的地步。

◆ **意大利的巴洛克建筑**

从 17 世纪 30 年代起，意大利教会财富日益增加，各个教区先后建

造自己的教堂。由于规模小，不宜采用拉丁十字形平面，因此多改为圆形、椭圆形、梅花形、圆瓣十字形等单一空间的殿堂，在造型上大量使用曲面。典型实例有罗马的圣卡罗教堂（1638～1667），是 F. 波洛米尼设计的。它的殿堂平面近似橄榄形，周围有一些不规则的小祈祷室，此外还有生活庭院。殿堂平面与天花装饰强调曲线动态，立面山花断开，檐部水平弯曲，墙面凹凸度很大，装饰丰富，有强烈的光影效果。尽管设计手法纯熟，也难免有矫揉造作之感。17 世纪中叶以后，巴洛克式教堂在意大利风靡一时，其中不乏新颖独创的作品，但也有手法拙劣、堆砌过分的建筑。

罗马圣卡罗教堂

教皇当局为了向朝圣者炫耀教皇国的富有，在罗马城修筑宽阔的大道和宏伟的广场，这为巴洛克自由奔放的风格开辟了新的途径。17 世纪罗马建筑师 D. 丰塔纳建造的罗马波波罗广场，是三条放射形干道的汇合点，中央有一座方尖碑，周围设有雕像，布置绿化带。在放射形干道之间建有两座对称的样式相同的教堂。这个广场开阔奔放，欧洲许多国家争相仿效。法国在凡尔赛宫前、俄国在彼得堡海军部大厦前都建造了放射形广场。杰出的巴洛克建筑大师和雕刻大师 G.L. 伯尼尼设计的罗马圣彼得大教堂前广场，周围用罗马塔斯干柱廊环绕，整个布局豪放，富有动态，光影效果强烈。

◆ 德国、奥地利的巴洛克建筑

巴洛克建筑风格也在中欧一些国家流行，尤其是德国和奥地利。17世纪下半叶，德国不少建筑师留学意大利归来后，把意大利巴洛克建筑风格同德国的民族建筑风格结合起来。到 18 世纪上半叶，德国巴洛克建筑艺术成为欧洲建筑史上一朵奇花。

德国巴洛克风格教堂建筑外观简洁雅致，造型柔和，装饰不多，外墙平坦，同自然环境相协调。教堂内部装饰则十分华丽，造成内外的强烈对比。典型实例是班贝格郊区的十四圣徒朝圣教堂（1744～1772）、罗赫尔修道院教堂（1720）。十四圣徒朝圣教堂平面布置非常新奇，正厅和圣龛做成三个连续的椭圆形，拱形天花也与此呼应，教堂内部上下布满用灰泥塑成的各种植物形状装饰图案，金碧辉煌。教堂外观比较平淡，正面有一对塔

德国十四圣徒朝圣教堂

楼，装饰有柔和的曲线，富有亲切感。罗赫尔修道院教堂也是外观简洁，内部装修精致，尤其是圣龛上部天花，布满用白大理石雕刻的飞翔天使，圣龛正中是由圣母和两个天使组成的群雕，圣龛下面是一组表情各异的

圣徒雕像。

奥地利的巴洛克建筑风格主要是从德国传入的。18世纪上半叶，奥地利许多著名建筑都是德国建筑师设计的。如维也纳的舒伯鲁恩宫

（1696～1746），外表是严肃的古典主义建筑形式，内部大厅则具有意大利巴洛克风格，大厅所有的柱子都雕刻成人像，柱顶和拱顶满布浮雕装饰，是巴洛克风格和古典主义风格相结合的产物。

西班牙圣地亚哥大教堂

◆ 西班牙的巴洛克建筑

兴起于17世纪中叶，它的风格自由奔放，造型繁复，富于变化，也有些建筑装饰堆砌过分。西班牙圣地亚哥大教堂（1738～1749）为这一时期建筑的典型实例。

洛可可建筑

洛可可建筑是在巴洛克建筑的基础上发展起来的建筑风格。18世纪20年代产生于法国，主要表现在室内装饰上。洛可可风格的特点是：室内应用明快的色彩和纤巧的装饰，家具非常精致而偏于烦琐，不像巴

洛克风格那样色彩强烈，装饰浓艳。德国南部和奥地利洛可可建筑的内部空间非常复杂。洛可可装饰的特点是：细腻柔媚，常常采用不对称手法，喜欢用弧线和 S 形线，尤其爱用贝壳、旋涡、山石作为装饰题材，卷草舒花，缠绵盘曲，连成一体。天花和墙面有时以弧面相连，转角处布置壁画。为了模仿自然形态，室内建筑部件也往往做成不对称形状，变化万千，但有时流于矫揉造作。室内墙面粉刷，爱用嫩绿、粉红、玫瑰红等鲜艳的浅色调，线脚大多用金色。室内护壁板有时用木板，有时作成精致的框格，框内四周有一圈花边，中间常衬以浅色东方织锦。

洛可可风格反映了法国路易十五时代宫廷贵族的生活趣味，曾风靡欧洲。这种风格的代表是巴黎苏俾士府邸公主沙龙和凡尔赛宫的王后居室。

法国巴黎苏俾士府邸公主沙龙

中国风

中国风是 17 ～ 18 世纪在欧洲兴起的一股风尚。主要特点是对远东地区文化的崇尚与模仿，并且将这些地区的文化元素吸收到自身的艺术创作中，产生了一些极富特点的作品。

在建筑上体现最为明显的是对洛可可风格，以及英国"如画"

（picturesque）园林的影响。

　　早期欧洲人对于远东地区了解并不多，伴随着 16、17 世纪东西方贸易的扩展，关于中国的信息逐渐传递到欧洲。随着耶稣会传教士的到来，进一步将中国各个方面的情况介绍到欧洲，激发了欧洲知识分子极大的兴趣。在他们看来，遥远的东方是如此不同，以至于欧洲人对中国的各种元素抱有一种理想化的憧憬。从科举制度到装饰纹样，许多欧洲人认为中国在这些领域取得的成就更为卓越。在对异国情调浓厚兴趣的支撑下，一些人开始尝试吸收东方，尤其是中国的文化元素，由此兴起了一场涉及陶瓷、装饰、绘画、建筑、园林等各个领域的中国风运动。

　　瓷器是欧洲人最为喜爱的中国元素。出于对中国瓷器纹样的喜爱，这一时期很多欧洲贵族，尤其是王室喜爱用大量模仿中国瓷器纹样的装饰物来修饰自己的房间。这些装饰物大多采用华丽的材料，拥有繁杂的曲线形态，刻意营造一种充盈和密集的装饰效果。这种风尚也演变成为欧洲宫廷建筑洛可可装饰风格的组成部分。

　　中国园林的自然与灵活也成为英国造园家推崇的对象。英国学者 W. 坦珀儿使用了不规则之美（Sharawadgi）来描述中国园林的特色，这直接启发了英国"如画"园林理论的发展。这种理论强调自然形态，具有不规则的布局、多变的景致等特点，与中国古典园林有一定的相似性。

　　总体看来，中国风一方面受到中国文化的启发，另一方面也受到欧洲知识分子对东方文化理想化憧憬的驱动。两者的相互交织导致了东西方文化交融史上这一重要事件的发生。

古代美洲建筑

古代美洲建筑指美洲前殖民时期的古代建筑遗址。古代美洲（包括美洲北部、中部和南部）与古埃及、西亚、印度、中国和爱琴海沿岸一样，是古代文明的发源地。

公元前 2000 多年前，在中美洲，许多讲不同语言的土著部落建立了农业国，其中较为突出的有玛雅人、托尔特克人和阿兹特克人。后来，在 12 世纪左右，南美洲西部又出现了印加人的国家。这些国家达到了高度的文明，令 16 世纪到达美洲的西班牙侵略者大为吃惊。人们通常将玛雅文明、阿兹特克文明及印加文明并称为古代美洲三大文明。

美洲前殖民时期的建筑历史延续了数千年，包括了无以计数的建筑物，特别是金字塔和宫殿。这些金字塔平面近似正方形，整体呈阶梯状，内部空间有限，通常由一些狭窄黑暗的房间组成，相当数量的大型金字塔中没有内部空间。宫殿则围合了与底座规模相当的大片区域，通常由毗邻的狭窄房间群构成，如蒂卡尔的马勒宫。

◆ **北美洲建筑**

美国东部有前殖民时期的纪念性建筑，形状为缩短的泥土金字塔，常成组地环绕在举行仪式的广场周围或成群地布置在地界内。在美国的西南部，阿纳萨奇文化和普韦布洛文化创造出了引人注目的纪念性建筑。这些建筑具有矩形的房间，融入了神庙和宫殿的功能，具有多种用途。圆形的地下礼堂是用来举行仪式的场所。

◆ **中美洲建筑**

中美洲的文明高度发达，孕育出了玛雅文明和阿兹特克文明。古代中美洲建筑大致可分为前古典期、古典期及后古典期。前古典期（公元前 1500～200 年）也称形成期，有玛雅人建于今洪都拉斯的用土堆成的圆锥形与方锥形金字塔；古典期是全盛期（200～900 年），其突出的建筑遗迹有特奥蒂瓦坎古城和玛雅人的蒂卡尔城；后古典期（900 年～16 世纪）的建筑遗迹有托尔特克人的首都图拉城和位于尤卡坦半岛上的奇琴伊查城，后者原属于玛雅人，12 世纪时被托尔特克人所占，成为一个拥有两个民族文化的宗教中心。此外，阿兹特克人在西部的特诺奇蒂特兰城（Tenochtitlan，今墨西哥城）建设了大量辉煌的建筑，大神庙是其中的突出代表。阿兹特克文明在 14～16 世纪时达到全盛时期，后来由于西班牙殖民者入侵而毁灭。

中美洲高度文明时期，其仪式建筑共同遵循单一的模式，因地域和时代的不同，仅在细部上有所变化。建筑通常分为上下两大部分，现在玛雅乡村仍然使用这样的砌筑方式，其典型的房屋是由粗糙的石料砌筑抬高的地坪基座，用以支撑墙体，上部覆盖篱笆、支杆和茅草组成的屋顶。

金字塔庙也同样分成上下两大部分，上部为神庙，有时为宫殿，上面的浮雕具有明显的象征意义。底座的平台也有象征性，构成了一种"地形"语言，即自然地形的建筑化延伸，也使神庙同时和大地相联系。在墨西哥南部和危地马拉发展成熟的玛雅神庙中，精致的下部结构成为独特的、可被立体感知的躯干的附属部分。例如，位于今危地马拉的蒂卡尔 1 号金字塔庙由 6 部分组成，即底座平台、金字塔、附加平台、建筑物平台、建筑物和屋脊饰。类似的建筑在 800 多年间共建造了 100 余座。

数字在神庙和宫殿设计中有神秘的象征性。在玛雅人的宇宙观中，数字 13 象征着天神和白昼；数字 4 与太阳神有关，象征着宇宙的 4 个面；数字 5 与地神有关；3 与灶神有关。从 1 ～ 13 的每个数字和 20 的倍数都有一些神秘的象征意义。数字在礼仪建筑中的表达具有很深刻的象征意义，如台阶数、房间数、正立面的门等神庙的主要元素都体现了这一特点。

阿兹特克人在后古典晚期建造了如在特纳尤卡和特诺奇蒂特兰的双神庙，普通阶梯基座上坐落着供奉不同神的两座并列神庙。建筑上部元素和屋顶的延伸部分突出了等级象征的功能，多采用木结构。

宫殿建筑通常成组围绕院落布置，或呈四方形布局，例如，乌斯马尔女隐修院，许多独立的地块被组织成围绕广场的多房间建筑群。在墨西哥的特奥蒂瓦坎和亚古尔，围绕内院布局的连续多房间建筑物由平梁和灰泥屋顶覆盖。

◆ 南美洲建筑

南美洲最著名的是盛行于 15 ～ 16 世纪的印加帝国的文化。大约在公元前 900 年以前，南美洲大多为原始定居地，但随后一系列地方风格在安第斯地区广泛传播。碎石和散石与切割的石块共同使用在查文的神庙中。雕刻的石块和塑性拉毛粉刷同样用于装饰。在查文人扩张之后的时期（约公元前 200 ～ 600 年）因建造大型土坯平台式神庙而著称，例如，莫切和许多南部与中部沿海定居点的太阳和月亮金字塔庙。600 ～ 1000

年，蒂亚瓦纳科和瓦里成为新王国的都城，这一时期的特征是在网格状平面上筑造刚强有力、正式的建筑。在高地上，特鲁希略附近的昌昌城、瓦马丘科附近的比拉科查草原都是这种结合了城市和宗教用途的前印加纪念性建筑的实例。

自公元 13 世纪起，在库斯科谷地（今秘鲁境内）出现了印加人建立的地方性小国家；到 15 世纪中叶，建立了一个以库斯科为中心的奴隶制国家，16 世纪初达到极盛时期，被称为印加帝国。印加帝国有着等级森严的制度，比之前的政权更强调建筑制度化。印加人采用了多种结构技术，从黏土抹灰的碎石到规模巨大的、精确收边的多边形干砌石构，建筑注重和环境的融合，其众所周知的遗迹有马丘比丘等。

古代印度建筑

印度河和恒河流域是古代世界文明发达地区之一，是佛教、婆罗门教、耆那教的发祥地，后来又有伊斯兰教流行，留下了丰富多彩的建筑。

印度河下游现巴基斯坦境内的摩亨佐达罗城址已经考古发掘和研究，城市建于公元前 2350 ～前 1750

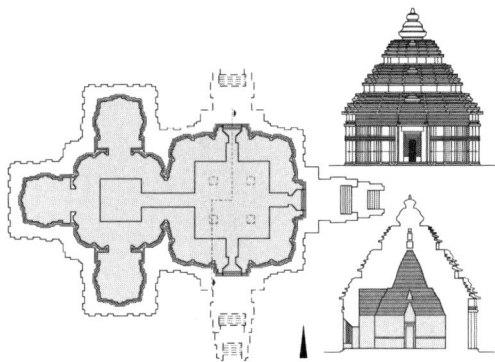

科纳拉克太阳寺的平面、立面和剖面示意图

年，已有一定规划，各种建筑形制也初步形成。

◆ 佛教建筑

古代印度遗留下了窣堵波、石窟、佛祖塔等佛教建筑。窣堵波是埋葬佛骨的半球形建筑，现存最大的一个在桑吉，约建于前 250 年。其半球体直径 32 米，高 12.8 米，下为一个直径 36.6 米、高 4.3 米的鼓形基座。半球体用砖砌成，红色砂岩饰面，顶上有一圈正方石栏杆，中间是一座亭子，名曰佛邸。窣堵波周围竖石栏杆，四面正中均设门，门高 10 米，立柱间用插榫法横排三条断面呈橄榄形的石枋。门上满布深浮雕，轮廓上装饰圆雕题材多取佛祖本生故事。

石窟分两种。举行宗教仪式的石窟名支提窟，平面长方形，远端为半圆形，半圆形中间设一窣堵波。除入口处外，沿内墙面有一排柱子。另一种石窟称精舍，以一个方厅为核心，三面凿出几间方形小室，供僧侣静修之用，第四面入口处设门廊。精舍和支提窟常相邻并存，如阿旃陀的石窟群。

在相传为佛祖释迦牟尼悟道的地方——菩提伽耶建有一庙一塔。塔即佛祖塔，始建于 2 世纪，14 世纪重建。塔为金刚宝座式，在高高的方形台基中央有一个高大的方锥体，四角有四座式样相同的小塔。塔身轮廓呈弧线，由下至上逐渐收缩，表面满布雕刻。

印度的佛教建筑随佛教传入中国，对中国的石窟艺术有一定影响。

◆ 印度教建筑

10 世纪起，印度各地普遍建造印度教庙宇。印度教的基本特征和文化传统仍然因袭婆罗门教。形制参照农村的公共集会建筑和佛教的支提窟，用石材建造，采用梁柱和叠涩结构。其外形从台基到塔顶连成一个整体，满布雕刻。建筑形式各地不同：北部的寺院体量不大，有一间神堂和一间门厅，门厅部分檐口水平挑出，上为密檐式方锥屋顶，最上端为一扁球形宝顶。神堂上面是一个方锥形高塔，塔身密布凸棱，塔顶也是扁球形宝顶。神堂里通常为一间圣殿，四面正向开门。整个庙宇象征婆罗门教湿婆、毗湿奴、梵天三位一体神。最杰出的实例是科纳拉克太阳寺。南部寺院规模庞大，通常以神堂作为主体，还有僧舍、旅驿、浴室、马厩等；周围设长方形围墙。神堂及每边围墙中央的大门顶上都有高耸的方锥形塔，虽满布雕刻，仍保持单纯几何形体的轮廓。典型例子是马杜赖大寺。中部寺庙的四周有一圈柱廊，内为僧舍或圣物库。院子中央宽大的台基正中是一间举行宗教仪式的柱厅，它的两侧和前方，对称地簇拥着三或五个神堂。神堂平面为放射多角形。神堂上的塔不高，彼此独立，塔身轮廓柔和。一圈出挑很大的檐口把几座独立的神堂和柱厅联为一体。

◆ 耆那教建筑

耆那教是印度古老的宗教，主要于 1000～1300 年在北方各地兴建寺庙，其形制与印度教庙宇差别不大。主要特征是有一个十字形平面的柱厅，柱子和柱头上长长的斜撑支承着八角或圆形的藻井。藻井精雕细琢，极其华丽。

◆ 伊斯兰教建筑

信仰伊斯兰教的莫卧儿帝国统治印度时，各地建造了大量清真寺、陵墓、经学院和城堡。这些建筑的形制虽受中亚、波斯的影响，但已具有独立特点。穹顶技术有很大进步，清真寺、陵墓多以大穹顶为中心形成集中式构图，四角由体形相似的小穹顶衬托。立面设带尖券的龛。墙体多用紫赭色砂石和白色大理石装饰，同时广泛使用大面积的大理石雕屏和窗花。这类建筑轮廓饱满，色彩明朗，装饰华丽，具有强烈的艺术效果。泰姬陵为印度伊斯兰建筑的代表作品。

日本古代建筑

日本古代建筑指日本在明治维新以前的建筑。日本大部分地区气候温和，雨量充沛，盛产木材，木架草顶是日本建筑的传统形式。房屋采用开敞式布局，地板架空，出檐深远。居室小巧精致，柱梁壁板等都不施油漆。室内木地板上铺设垫层，通常用草席作成，称为"叠"（汉语音译榻榻米），坐卧起居都在上面。古代日本风俗是一屋只住一代，下一代另建新屋居住，持统女皇（第41代天皇，690～697年在位）以前，皇室也是每朝都营建新宫。

钦明天皇在位（539～571）时，随着中国文化的影响和佛教传入，日本建筑开始采用瓦屋面、石台基、朱白相映的色彩，以及有举架和翼角的屋顶。出现了宏伟庄严的佛寺、塔和宫室，住宅和神社的建筑式样也发生变化。外来文化对日本建筑的影响大体可以分为两个阶段：第一阶段是吸收中国南北朝和隋唐文化，到9世纪末逐渐日本化；第二阶段是受中国宋、元、明三代文化的影响，到16世纪以后完成日本化。

◆ **神社**

神社是日本祀奉自然神、氏族祖先和英烈人物的建筑物。神社历来实行"造替"制度，即每隔一定时期（如20年、60年）重建一次。所以，现存神社屋宇有些虽仍保留早期住宅遗风，但都是后世重建的。早期神社的平面和外观都比较简单，用木板墙，下部架空，双坡木架草顶，屋面无举折，不施彩色和雕饰。有两种基本式样：一种称为大社造，以岛根县出云大社为代表，现存社屋是1744年造替的，平面呈方形，悬山式屋顶，山面开门，室内有一根中心柱。另一种称为神明造，以伊势神宫为代表，其特点是社屋三开间，正面明间开门，屋顶也是悬山式。

平安时代以后，神社建筑式样增多，出现了单间方形平面，两坡顶山面加一个披檐的春日造；将神明造前檐披出成前廊的流造；在主殿前接建一殿，两者屋顶联成勾连搭的八幡造；在三开间社屋的左、右、前三面各加披檐的日吉造等。此后，神社的式样和数量都不断增加，到大　正（1912～1926）年间，日本全国有大小神社约12万所。

日本出云大社拜殿

◆ **佛寺**

佛寺是日本古代建筑的主要类型之一。至624年，日本全国有佛寺46所。奈良时代（710～784）佛教兴盛，全国佛寺增加到几百所。较为著名的是奈良前期重建的法隆寺（607）西院，其主要建筑物塔、佛殿、中门、回廊是日本现存最古的建筑物，建筑式样仍保持飞鸟时期的特色。奈良中期迁都平城京后，大力吸收唐代中国文化，在各诸侯国建立国分寺，在平城京建造总国分寺——东大寺。东大寺的大殿面阔11间，高约40米，殿内佛像高20米左右，是当时日本最宏伟的建筑物，大殿前有东西二塔，后有讲堂，现在寺内仅铜佛是当时旧物。奈良后期的代表性建筑物唐招提寺（759）金堂，是中国鉴真和尚东渡后率弟子建造的，反映了中国唐代建筑的风格。平安时代（794～1192）贵族们向往西方净土极乐世界，促使华丽的阿弥陀堂发展起来，突出的遗例有宇治的平等院凤凰堂（1053）、京都府净琉璃寺的阿弥陀堂等。其中凤凰堂汇集了绘画、雕刻、工艺、建筑各方面的精品。镰仓时代（1192～1333）新兴的武士势力取代贵族集团执政，中国宋代传入的禅宗获得武士们的赞赏和信仰，禅寺由此兴起，实例有镰仓圆觉寺舍利殿等。此类寺庙往往仿照中国宋代建筑，称为唐样；因袭平安时代旧样的建筑，称为和样；另一些受中国东南沿海一带建筑式样影响的佛寺，则称为大佛样或天竺样。典型实例有奈良东大寺南大门和兵库县净土寺净土堂。

日本奈良东大寺大佛殿

室町幕府时代（1338～1573），禅宗继续有所发展，在京都和镰仓都仿照南宋时中国禅宗的五山十刹之制，设立五山寺院。

◆ 住宅

日本早期住宅多采用木架草顶，下部架空如干阑式建筑。佛教传入后，住宅也有明显变化。圣武天皇在位时（724～749）朝廷鼓励臣下建造"涂为赤白"（柱梁涂朱，墙壁刷白）的邸宅。奈良时代留下的唯一住宅实例是已被改造成法隆寺东院传法堂的一座五开间木架建筑，原是圣武天皇皇后之母橘夫人的邸宅。平安时代贵族住宅采用寝殿造式样，主人寝殿居中，左、右、后三面是眷属所住的对屋，寝殿和对屋之间有走廊相连，寝殿南面有园池，池旁设亭榭，用走廊和对屋相连，供观赏游憩之用。镰仓时代的武士住宅，出于防御上的考虑，平面形式和内部分隔都很复杂，布局和外观富有变化。僧侣们则因读经需要而在居室旁设置小间作为书房，这是书院造式住宅的萌芽。到了室町（1338～1573）和桃山（1573～1600）时期，书院造式住宅兴盛起来。这种住宅平面开敞、简朴，分隔灵活，室内设有书院（读书用的小空间）、床之间（挂字画和插花、插香等清供之处，形如壁龛）、违棚（放置文具图书的架子）等陈设和室内处理，富有特色。由于商业繁荣，在各地领主所在地，以城堡为中心的城下町（集镇）兴起，世俗建筑如市房、商家都有所发展。而茶道在武士和文人中的流行又促进了茶室建筑的发展，以具有农家风味的草庵式茶室最富有特色，这种风格的建筑物称为数寄屋（意为风雅之屋）。16世纪末到17世纪初，各地诸侯兴起一阵兴建城堡望楼"天

守阁"之风。天守阁是一种木结构的高层楼阁，不仅具有防御上的实用目的，而且可作为政治上炫耀和威慑的手段。著名的天守

日本姬路城的天守阁

阁有犬山、姬路、松本、熊本、名古屋等。江户初期（1615）发布禁令，限制筑城，后此风渐绝。

朝鲜古代建筑

　　古代朝鲜历代王朝时期形成的具有民族特色的建筑风格。"朝鲜"意为清晨东方升起的太阳，象征着生机勃勃的朝鲜民族。

　　朝鲜是1392年李成桂建立的李氏朝鲜和现朝鲜民族共和国的国名。朝鲜半岛偏于东亚的东侧，朝鲜半岛北侧，最早起源于公元前70余万年前。到了公元前1000年左右的青铜器时期，出现了多人聚居的居住聚落遗址，多以矩形和圆形或组合型的竖穴式住宅形式为主，如首尔岩寺里遗址、平壤细竹里、扶余松菊里等处。并遗存大量支石墓，即最初的陵墓雏形。公元前4世纪左右（铁器时期），挖掘出的居住单元遗址

出现了突出入口的吕字形和凸字形的平面，面积增加到20～60平方米，如朝鲜河南市的渼沙里遗址群。

◆ 三国时期

公元前109年，汉武帝派兵攻入朝鲜半岛北部。将朝鲜半岛划分为4个郡，即乐浪郡、玄菟郡、真番郡、临屯郡，史称"汉四郡"。公元前82年，玄菟郡西迁至辽东地方，下设高句丽、上殷台、西盖马3县。西汉末年起，高句丽王国兴起，在高句丽县建立政权。在其强盛期的5世纪时，领土从现中国松花江以南一直到朝鲜半岛中部。3、4世纪，朝鲜半岛南部百济、新罗相继建国且国势不弱，与高句丽形成三国鼎立的局面。百济主要位于半岛南部偏西，新罗则位于半岛南部。

三国时期的都城由满足日常政事的平原城和战时防御的山城两部分组成，山城取平原城临近的山体而建，以便战时暂避使用。高句丽最初都城（卒本城）推测为辽宁省怀仁县五女山城处，山城沿周边山体而建。公元3世纪，迁都到具备山险、下临鸭绿江的现集安国内城。公元427年，长寿王迁都平壤，初建城于大同江下游、大城山南，即原乐浪县旧地，以大城山为山城，宫阙于山城下南部。公元586年，迁到现平壤市区处，称长安城。长安城的平原城与山城相隔较远，以山城两边的天然河道作为防御，城区采用了方格网状的道路格局。东西南北各18、15个里，共108个坊。此时的城市已有里坊制的雏形。

半岛内部的百济亦经过多次迁都，最初定都慰礼城（汉城），公元475年迁都熊津、再到泗沘。慰礼城城池准确位置不能确定，泗沘城城内布局也无法推测，只可知外环有罗城。新罗则一直以庆州为首都。庆州为盆地地势，最初城名为金城，内建王宫，名半月城，《三国史记》中记载了其东、南、西三面分别建有仙桃山城、明活山城和南山城。亦是山城和都城分离的形式。三国时期，除了各国的都城，一些小规模分封城市已初见规模，称作"小京"，如高句丽的国内城和百济的汉城。

安鹤宫是唯一留存部分遗迹的三国时期宫殿。宫址为边长大约610米的平行四边形，南北门外有人工造山。宫内主要殿阁建筑沿中轴线布局，分前后3个院落，其他辅助性殿宇散置于中轴线两侧，主要建筑两侧附有耳房，各殿由回廊相连。由于当时巫术盛行，所以已出现观天象的瞻星台、行巫术的神宫及祭祖祠堂。墓葬建造技术较为发达，三国都留有大量墓葬，建造方式各异，高句丽采用大量垒石而建的垒石墓，百济采用垒石和砖椁式两种做法，新罗则采用积石木棺坟。墓葬里大量的壁画，反映了当时贵族的生活场景和建筑的工巧和华丽。

公元4世纪中叶，佛教由中国僧人最先传入高句丽，百济则由印度人于公元389年直接传入。而在新罗，佛教在公元6世纪才被正式接受，当时的佛教主要服务于王氏贵族。《三国史记》中记录，朝鲜半岛最早的佛教寺院是肖门寺、依弗兰寺及平壤周边的九大寺院，如今在平壤周边上吾里、清岩里等处有大量寺址，百济的寺庙是迁都扶余以后开始建造，现扶余地区有军守里寺址、金刚山寺址、西覆寺址、定林寺址等。公元527年佛教传入新罗后，首先建造了兴轮寺、永兴寺，之后又建造了皇龙寺、祇园寺、三郎寺、芬皇寺等。现存较好的只有皇龙寺址和部分寺院的石塔。公元 5 ～ 7 世纪，寺院的伽蓝布局以塔为中心。

◆ **统一新罗时期**

随着公元 660、668 年百济、高句丽相继灭亡，新罗统一三国，进入统一新罗时期，领土主要为朝鲜半岛南部。国家开始推行中央集权制，扩张城市，里坊制遍及全城。原宫城半月城的规模扩大到南北 4.3 千米，东西 4 千米。城市街道成井字形分布，《三国遗事》中记载，当时庆州城有坊 360 个，居民 17 万户。

除了宫殿，离宫园囿亦得以发展，其中最重要的代表就是雁鸭池。雁鸭池南临月城、东近皇龙寺，几乎位于庆州城的中心，是韩半岛早期园囿的代表。东西 200 米、南北 180 米，苑囿以水池为中心，采用几何与自然手法相结合的处理方式。表现出受唐代文化影响的痕迹。随着城市的建设，造桥工艺亦得以发展。月城南侧建有月净桥和春阳桥两座长 70 米的大规模桥梁，桥台采用木骨填石基础的夯实技术。

受中国唐代文化的影响，公元 7 世纪以后的四天王寺和望德寺开始采用金堂前双塔式的伽蓝布局方式。公元 8 世纪，禅宗、密教思想从唐传入，并于公元 9 世纪发展到高潮，受禅宗自给自足佛理的影响，出现了远离城市喧嚣的山中礼佛空间，如高仙寺、佛国寺、石窟庵。当时的佛寺中，出现了如僧侣的墓塔、浮屠塔等新型塔元素，普通石塔比例缩小，形式更为多样，奢华的造型和装饰趋于衰退。随着山间寺庙的建造，择地理气的风水思想流行，其中最著名的为佛师道诜的"裨补寺塔说"。

公元 9 世纪末随着新罗王权的败落，原三国后族重新崛起，公元 918 年朝鲜半岛进入后三国时期。公元 936 年，战争以王氏高丽的胜利而结束，朝鲜半岛统一于高丽王朝。

◆ **高丽时期**

高丽时期定都开城，公元 10 ～ 11 世纪规模完备，11 世纪初开始建设罗城，罗城被用作国都 470 年。开城属风水明堂之处，地理位置优越，都城四面环山，属于盆地地势，北有松岳山、西面蜈蚣山、南面龙首山，东边相对平坦。城内河川分别自北和西向东而去。没有沿大江建城，由于城近西海，占尽海上交通的便利。

宫殿位于松岳山下，偏西，宫城中建有皇城万月台，1010 年，扩建了外郭，所以共有三道城墙，城门 12 个，其中西侧的宣仪门和东侧的崇礼门最重要。宣仪门是迎接中国使臣的门，门制庄重具有门楼和瓮城。东门市民使用最多，东西门连通的大路是城中的重要道路，并有直通南北的道路与其相交于十字街，北向道路直通到宫殿大门广化门，南向与会宾门连接。全城分为 5 部 35 坊 344 里。由于高丽时期奉佛教为国教，所以全国上下信奉佛教，影响最大的为十字街附近的兴国寺。受中国的影响，遵从儒教仪礼。国家行吉、嘉、宾、军、凶五礼，城内建设圜丘坛、宗庙、社稷坛等国祭设施，同时具备祭孔的文庙和先农坛、先蚕坛等。受风水地理说和地形地势的限制，开城没有采用方格网式布局方式，由于具备三道城墙，自身防御性强，所以附近没有山城相辅，以江华岛作为其避难时离宫。除开城外，高丽还设有西京平壤、东京庆州、南京汉城。

高丽王宫自建宫一直沿用了 470 年，其中被毁于火灾而重建了 5 次，建筑布局和空间构成基本如前。整个宫殿地势西北高东南低，殿宇没有沿统一轴线，而因仪礼位次，顺沿地形排布。其中会庆殿属于外朝，是接见宋使或举行大型佛会之处，入宫第一院落，规模异常巨大。乾德殿为大朝，宣政殿为常朝，寝殿则位于西侧最高处。宫殿的名称和举行的仪礼形式模仿唐宋法制。宫内会并行莲灯会和八阙会等大型佛会，体现了佛教国家的特色。随着禅宗在公元 13 世纪得到强化，佛教由之前的贵族赡养式变为山中修行为主，修建了如修禅寺、松广寺等禅宗寺院。这些寺院多选近泉之处，沿山势造寺，遵从重自然的禅宗思想，布局与当时中国南方的"伽蓝七堂"形制相异。

公元 13 世纪初开始，理学传入高丽，并受到广泛推崇，祭孔盛行，乡校数量增长。佛教受到排挤。随着礼制制度的健全，受中国影响，各郡县出现了不同等级的、为供奉王的位牌而修建的客馆，随着客馆功能的完备，后多具备接待来往官吏的关厢（多称东、西轩）和观景休憩的楼阁。

建筑的构造做法与三国时期没有太多变化，不过有了一些优化处理，高柱和退梁（类似中国的单步梁）的使用，增加了室内的空间面积，屋面处理出现了盖板下覆土的做法。因为其有利于保温和辅助屋面曲线找平等，很适合朝鲜半岛气候并被一直沿用。高丽末期，作为室内取暖设施的地炕（温埃）已出现，在王氏寺院桧岩寺僧房址中找到了烟道和炕洞的痕迹。

◆ 朝鲜时期

1392 年，李成桂废高丽恭让王而自立，建立了朝鲜王朝。尊明朝为正朔，国教为儒教，改国名为朝鲜。经历了壬辰倭乱和丙子胡乱后，国家实力受到重创。朝鲜受儒教影响，以素白为美。

朝鲜建国初期，李成桂迁都高丽时的南京汉城（当时称汉阳），择地立宫，先建社稷宗庙。汉阳城北向主山百岳山，南向案山木览山（南山），东西分别为骆山和仁王山。并具镇山北汉山和朝山冠岳山，南临汉江，数明堂之地。

建王宫景福宫于百岳山南。王宫和六朝大街仿造当时南京故宫布局而设，左祖右社，都城周回九千九百七十五步。当时都城制度为部坊制，全城 5 部 49 坊。宫城周回 1813 步，外朝勤政门区，大朝勤政殿区，常朝思政殿区，燕寝为康宁殿，东门建春、西门迎秋、南门光化。门南左右分列议政府、中枢院、六曹、司宪府等各司公廨。昌德宫作为离宫，于太宗五年乙酉建于贞善坊。仁政殿为受朝之正殿，正朝门为仁政门，中门曰进善门，外门曰敦化门。

后又加建了仁庆宫、庆熙宫、昌庆宫、庆运宫等离宫，景福宫在壬辰倭乱被毁之后一直未建，昌德宫于 1606 年被光海君重建，并一直作为正宫，直到 1867 年景福宫被重建，现为世界文化遗产，景福宫于 1867 年由兴宣大院君组织，作为正宫重建。1897 年朝鲜脱离清朝独立后，宫殿内建筑亦有相应变化，日本人弑明成皇后以后，高宗移驾庆运宫即德寿宫，一直到大韩帝国灭亡。

由于尊儒教为国教，除了宫中崇尚节俭，建筑质朴，到后期受宋《家礼》影响产生的士大夫式住宅样式流行与世，甚至连当时的王也崇尚，在宫中建造了如演庆堂、乐善斋、乾清宫等士大夫住宅样式的宫中别院。文庙在崇教坊，成均馆（臣属国等级的国子监）设于文庙旁。儒学建筑乡校、书院作为地方儒学传播祭孔的基地，数量密集，祭祀仪礼一直延续。

本书编著者名单

编著者（按姓氏笔画排列）

王其明	王真真	王瑞珠	吕祖谦
刘先觉	刘松茯	刘叙杰	祁英涛
杜仙洲	杜顺宝	李竹君	吴焕加
邱玉兰	汪晓茜	沈　旸	张驭寰
张似赞	张勗采	张锦秋	邵俊仪
青　锋	英若聪	罗哲文	周　琦
郑时龄	赵立瀛	钟晓青	姜　铮
钱　锋	郭华瞻	郭湖生	陶友松
萧世荣	曹　汛	戚德耀	董健菲
傅熹年	靳东生	楼庆西	黎　晓
潘谷西			